Amadou N'Golo Coulibaly

La citation selon la situation Tome V

Amadou N'Golo Coulibaly

La citation selon la situation
Tome V

La citation selon la situation est une compilation de citations thématiques basées sur la réalité sociale

Éditions Vie

Imprint

Cover image: www.ingimage.com

Publisher:
Éditions Vie
is a trademark of
Dodo Books Indian Ocean Ltd. and OmniScriptum S.R.L publishing group

120 High Road, East Finchley, London, N2 9ED, United Kingdom
Str. Armeneasca 28/1, office 1, Chisinau MD-2012, Republic of Moldova, Europe
Printed at: see last page
ISBN: 978-613-9-59450-4

PLUME D'OR CITATIONS VERBALES

LIVRE DE CITATIONS THEMATIQUES PRODUIT PAR

Amadou N'Golo Coulibaly : Sociologue

La citation selon la situation

Tome V

Avant-propos

Le présent ouvrage intitulé la citation selon la citation Tome V est conçu pour répondre au besoin de consolidation de la condition de vie humaine dans la société en s'appuyant fondamentalement sur la compréhension matérielle et immatérielle de l'implication de l'individu dans le temps et l'espace dans le souci de garantir son intérêt vital. La marge de l'adage se compose d'un ensemble thématique de citations reparties selon les différentes circonstances de la vie sociale allant de la connaissance à l'ignorance passant par l'intelligence et l'inintelligence en somme le présent œuvre contribue de façon à ce que la lumière soit faite au mieux sur l'existence humaine tout en dissociant le bien du mal en vue d'apporter à l'individu ce qui lui convient à la différence de ce qui ne l'est pas dans la période comprise entre la vie et la mort nous reconnaissons dans ce sens la dimension philosophique hautement idéologique à laquelle se réfère le contenu du document en question qui est destinée à faire un diagnostic éclairé de l'engagement de l'individu à travers le jugement propre à celui-ci sur la société de même que son fonctionnement en plus d'une détermination plus éclairée de celle de la société ainsi que son impact sur ce dernier dans un troisième lieu la marge de l'adage cherche à situer la place de la réalité entre la perception que nous faisions les uns des autres ; par rapport au processus de recherche d'acquisition de même que de la préservation de nos intérêts dans une dimension contradictoire des idées, de philosophies diverses qui nous animent nous humains de façon évolutive selon les différentes circonstances de la vie. La nécessité d'apporter permanemment une réponse adéquate, précise à la préoccupation dont rencontre l'humain est celle qui traduit également le but que se fixe la marge de l'adage dans une ambition littéraire de pénétrer dans la profondeur des problèmes sociaux qui traduisissent en somme la solution et le problème dans la représentation temporaire et circonstancielle de la philosophie humaine il s'agit de susciter chez l'humain le goût de l'apprentissage de l'autoformation à travers des interrogations détaillées susceptibles de soulever l'appétit intellectuel favorable de même que de la consolider pour promouvoir la réussite de ce dernier. À travers la méthodologie philosophique qu'use la marge de l'adage, le rôle de la connaissance est central par rapport à la dissociation de la productivité de l'improductivité de la pensée humaine dans la société en complicité ou en adversité avec la raison, en se voulant une contribution sérieuse non pas une appréciation sans reproche de l'orientation de la philosophie ambitieuse la marge de l'adage incite toujours à suivre le gage de l'instruction constante pour mieux favoriser la stabilité de l'existence générale en appelant l'ensemble à s'impliquer fortement afin de promouvoir l'équilibre général à grande échelle justement c'est derrière un souci éclairé de l'élargissement du capital intellectuel humain que la marge de l'adage s'engage en termes de contribution généreuse faire comprendre par l'individu que seul le jugement de la raison prime en vue de s'assurer le bonheur existentiel si toutefois il a foi en l'objectivité méthodologique comme la finalité de la réussite lucide de même rappelle toujours l'impérieuse nécessité de s'adonner constamment à la recherche de la connaissance pour l'éternité.

CHAPITRE I

TITRE DE NIVEAU I

L'individu et l'imagination dans la société : La connaissance et l'ignorance, le problème et la solution, l'intelligence et l'inintelligence, l'imagination et la compréhension, la paix et la guerre, la vérité et le mensonge, le bien et le mal, le travail et le chômage.

TITRE DE NIVEAU II

L'individu et l'imagination dans la société : Le temps la nature et l'espace, le bonheur et le malheur ; la justice et l'injustice, la compétence et l'incompétence, l'engagement et le désengagement, la réussite et l'échec, la souffrance et la jouissance.

TABLES DES MATIERES

CHAPITRE I

TITRE DE NIVEAU I

LA CONNAISSANCE ET L'IGNORANCE

« Celui qui n'a pas confiance à la connaissance n'a pas confiance à son existence » (La confiance à la connaissance détermine la confiance à l'existence car nous ne sommes pas conscients de notre existence sans connaissance aucune). « Aussi longtemps qu'on apprendra on comprendra ainsi on entreprendra » (La connaissance appuie l'esprit d'entreprise gagnant chez l'humain). « Là où manque la connaissance manque la suffisance avec » (La suffisance se renforce dans la connaissance). « Ce qui nous illumine nullement ne nous hallucine » (La connaissance est lumière qui s'oppose à la barrière de l'ignorance). « Apprendre pour comprendre est une nécessité de tous les jours pour réussir dans sa vie ce qui traduit le fait selon lequel aussi longtemps que durera la vie durera l'apprentissage avec : dans l'impossibilité de dire quand nous ne serons pas de la vie nous ne saurons nullement pas dire quand nous cesserons d'apprendre » (A jamais nous perpétuons notre processus d'apprentissage pour réussir dans la vie). « On n'invente pas la connaissance, par contre nous nous inventons avec » (Partant du sceau de la connaissance nous inventons notre vie). « Plus on se cultive mieux l'on s'équilibre dans la vie tout ce qu'on a besoin pour faire face aux besoins dans la vie c'est la raison et cela relève du bon sens dans le sens ce qui traduit le fait dont nul ne se passe de la connaissance pour se renforcer dans l'existence » (Rien ne vaut la connaissance pour atteindre l'espérance dans la vie). « La connaissance évolue car nous évoluons pour connaitre ; plus nous nous cultivons mieux nous réussissons » (La connaissance évolue au fur à mesure que nous évoluions puis renforçons notre capacité d'apprentissage dans le temps et l'espace). « Ce qu'ignore la connaissance c'est ce qui n'est pas une connaissance du tout » (La connaissance n'ignore rien sur la connaissance idem sur l'ignorance). « Celui qui combat la connaissance s'abat soi-même dans l'existence car pareillement à l'évidence la connaissance certaine seule renforce l'existence humaine sur le bon sens » (L'évidence et la connaissance s'unissent dans une dimension positive pour renforcer la vie humaine). « Ce qui nous intéresse quand on ne s'intéresse pas c'est ce qui ne nous renforce pas, logiquement pour que l'intérêt nous sourit bien avant de s'intéresser à quoi que ce soit il faut d'abord s'éclairer » (L'éclairage de l'individu par rapport à la sélection judicieuse de son intérêt dans la vie est capital). « Celui qui s'intéresse à la connaissance s'intéresse à son existence » (L'intérêt que nous accordions à la connaissance reflète logiquement celui qu'on accorde à notre existence). « A défaut d'avoir une femme on se fera avoir par une femme dans les deux cas on saura quelque chose sur la femme, pareillement à défaut d'avoir un homme on se fera avoir par un homme » (Nous apprenons de nos relations tant avec les femmes qu'avec les hommes en les liant dans le temps et l'espace). « La connaissance n'appauvrit pas celui qui ne se trompe pas de connaissance à jamais l'ascendance est dans la connaissance pourvu qu'on ne l'ignore pas dans la conscience » (La suffisance certaine réside dans l'élargissement du champ intellectuel humain). « Nous sommes certes limités dans la connaissance sans qu'on ne sache la limite de la connaissance » (La connaissance seule possède toutes les connaissances sur les connaissances ainsi elle n'est jamais limitée dans sa connaissance). « C'est parce que la connaissance n'est pas rien raison pour laquelle on ne se contente pas de rien pour connaitre : pour se cultiver il faut d'abord s'éclairer » (Nous nous contentons toujours de quelque chose pour réussir intellectuellement dans la mesure où la connaissance est quelque chose). « La force de la connaissance s'exprime sur la charge du connaisseur » (La charge du connaisseur résulte de la force de la connaissance). « La connaissance ne manque pas d'importance car l'ignorance ne suffit pas en importance : ce qui nous intéresse chez la connaissance est qu'elle n'est pas pareille à l'ignorance d'où l'attrait de sa suffisance pour la conscience » (L'attrait de la connaissance en terme d'importance explique l'intérêt que le connaisseur lui porte). « La connaissance a tout d'utile » (La connaissance renforce l'utilité dans la vie). « Mieux s'instruire c'est bien s'investir » (La connaissance certaine oriente positivement la coordination de la vie humaine). « La vie de la connaissance détermine la connaissance dans la vie même si la connaissance vit plus longtemps que le connaisseur dans le temps » (La connaissance vit plus longtemps que le connaisseur dans le temps et l'espace dans la mesure où elle demeure logique à jamais). « La connaissance n'a autre sens qui puisse se passer du bon sens pour qu'elle conduise à l'abondance, c'est seulement précise que le savoir est victoire » (Le côté victoire de la connaissance réside dans sa pertinence) « Sage n'est seulement pas celui qui se contente de l'âge cependant il est celui qui se démarque positivement avec son bagage » (La sagesse se situe dans la richesse intellectuelle de l'individu plutôt que dans le nombre de l'âge). « Le connaisseur est fin calculateur : point de connaissance sans observance » (La connaissance en tout et pour tout émane d'un constat éclairé). « Vivre connaisseur c'est aussi vivre rêveur dans la mesure où on ne s'éclaire pas sans sueur » (Là où on ne s'éclaire pas sans souffrance la connaissance nous recommande d'opérer un rêve malicieux en vue d'aboutir positivement à notre fin savante). « Si l'ignorant se soucie peu c'est parce qu'il ignore ce que se soucier veut dire ? » (Nous ignorons la vraie raison du souci dans la mesure où nous nous soucions moins ou nous nous soucions pour l'inutile). « Autant l'inutile fait espérer pour rien autant l'ignorance s'oppose à l'abondance » (L'ignorance est un frein pour l'abondance dans l'existence car étant futile). « On peut ne pas le savoir sinon en réalité ignorer ne rend pas heureux » (L'ignorance au lieu de nous libérer ne fait que nous enfoncer dans la vie).

LA LIBERTE ET L'ESCLAVAGE

« La liberté ne se passe nullement pas de la clarté la suffisance de la connaissance pour renforcer la cohérence dans l'existence : on ne peut nullement pas se libérer tant qu'on ne fait qu'ignorer » (Nous nous enchainons partout où nous ignorons). « Ignorer ne fait pas prospérer pour celui qui souhaite vivre heureux on ne s'enchaine qu'avec l'ignorance mais la connaissance non » (L'ignorance ne renforce pas celui qui se sait bien). « Mieux l'on sait, bien l'on se libère » (Nous nous libérons partout où nous raisonnons). « La liberté n'est qu'entièreté » (La liberté recommande l'entièreté dans l'expression psycho-physique pour l'individu sous un angle précis). « La clé de la liberté c'est le sérieux à l'endroit de la vérité loin d'être un vain mot la liberté se vit à travers une vision pratique qui consiste à adopter puis à adapter sa vie aux dignes recommandations de la lucidité comportementale » (La réalité libère autant la liberté est une réalité). « Partout où on se libère bien on se dépense bien et non pas à l'encontre du bien nul ne se contente de rien pour se libérer non plus pour vivre heureux » (L'intelligence dans la coordination de l'effort humain lui permet de briser les chaines de la dépendance). « La liberté s'oppose au mieux à la médiocrité dans la personnalité : mieux l'on s'enrichit plus on se libère » (L'esprit de la créativité chez l'humain lui permet de se libérer dans la vie). « Pour se libérer il faut se décider » (La décision détermine la liberté). « Celui qui se décide moins se libère également moins » (Nous ne réussissons pas notre liberté là où nous ne nous décidons pas bien du tout). « En tout et pour tout ce qui nous libère est ce qui nous est cher de même que ce qui est clair au juste point de liberté sans cherté, clarté et exemplarité conjuguées comme valeurs » (Autant on est libre de ne pas être libre, on est libre de vivre libre). « Notre liberté se reconnait également à travers notre possibilité de ne pas être libre : à l'homme de décider s'il souhaite s'enchainer ou de juste se libérer à jamais » (L'individu en est pour quelque chose par rapport à sa liberté ou pas). « D'une part quand nous ne connaissons pas la liberté certainement qu'on n'est pas libre dans sa connaissance : mieux l'on apprend bien l'on comprend élargit nos horizons nous inventons et réinventons renforçons notre liberté de même » (Nous renforçons notre liberté partout où nous élargissons notre horizons intellectuels). « Ce n'est pas être contre la liberté que de ne pas la cautionner à tort et à travers : la liberté à tout faire c'est la liberté qui fait peur » (Nous cautionnons la liberté à tort et à travers dans la mesure où nous la vivons sans limite). « Vivement la rationalité fait la beauté de la liberté » (Nous trouvons la liberté dans la rationalité). « Heureux on promet la liberté pourvu qu'on ne se démarque de toute clarté dans la personnalité » (Nous renforçons notre liberté en vivant heureux et éclairé). « Celui qui ne s'amuse pas avec la liberté ne s'amuse pas avec sa personnalité car la dignité d'une personnalité réside dans la liberté en tout et pour tout » (L'éclairage d'une personnalité tient à la lumière de la personnalité dans le temps et l'espace). « C'est bien libre qu'on s'avise » (L'individu avisé tient à sa liberté). « La liberté ne demande rien d'autre qu'à rester fidèle à la lucidité » (Pour vivre libre on doit rester juste). « Même riche on vise plus pour se libérer bien » (On se libère bien en cherchant à s'enrichir constamment). « Ce qui est cher à la délivrance est ce qui est meilleur pour l'existence » (La délivrance seule renforce l'existence dans la mesure où elle est liberté). « Quand la liberté fait défaut la personnalité fait faux bond » (La liberté est l'éclairage de la personnalité). « La liberté ne s'oppose pas à l'autorité dans la personnalité car pas d'autorité sans dignité gage de maturité pour la personnalité » (La liberté doit logiquement nous permettre de comprendre dignement l'autorité de la personnalité dans son renforcement). « On choisit sa liberté dans la mesure où on est libre dans son choix » (On a un droit de jugement sur le genre de liberté que nous comptions profiter car nous le concevons ce choix). « Pour mieux se libérer on doit savoir à quoi se référer » (Là où l'on se réfère bien on se repère bien en terme de qualité libératrice). « Bien futée la liberté n'appelle nullement pas à fauter plutôt elle encourage à s'éclairer pour prospérer » (La liberté certaine recommande de s'éclairer pour bien s'investir dans le temps et l'espace).

LA LECTURE ET L'ECRITURE

« Sans lecture aucune mieux sans lecture certaine alors comment peut-on être certain » (La dimension décisive de la lecture est incontournable dans le processus de la compréhension). « Sans délire la lecture ne peut pas détruire » (La lecture certaine n'a pas vocation à détruire car se passant du délire dans la vie). « La lecture renforce la connaissance partout où nous raisonnons dans l'analyse ; elle n'empêche pas d'accéder à la connaissance : contrairement à la bonne lecture la fausse mène à l'égarement de soi donc à une appréciation erronée de la réalité globale » (Bien certaine la lecture renforce la position intellectuelle humaine). « La qualité de la lecture est fonction de la maturité du lecteur mieux l'on est précis dans la lecture plus elle nous instruit avec droiture » (La vérité sur la lecture est fonction de la qualité intellectuelle du lecteur). « Nous apprenons en lisant tout comme nous lisons en apprenant à condition que la lecture ne manque pas de précision bien précise la lecture suffit comme assise » (L'assise de la lecture renforce l'individu quêteur de la connaissance). « Partout où la connaissance importe peu l'écriture importe peu la lecture avec » (La lecture et l'écriture tiennent leur noblesse dans le sceau de la connaissance). « J'écris je réussis une fois précis limitez-vous au bon sens ainsi vous réussirez avec évidence » (L'évidence nous renforce partout où nous ne nous trompons pas de signe). « Quand la lecture empêche de réussir certainement que l'écriture ne concorde nullement pas avec la droiture » (La cohérence dans la lecture seulement renforce la lecture de l'écriture ainsi que la réussite du lecteur dans un cheminement cohérent). « L'écrivain doit s'atteler au mieux à apporter au lecteur ce qu'il y a de mieux pour pousser son horizon intellectuel à son tour le lecteur doit également s'efforcer à remonter ses critiques soit à l'écrivain ou soit à se situer sur les lacunes de ce dernier en vue de réussir l'interaction intellectuelle qui les lie en somme sans objectivité aucune ni l'écriture ni la lecture ne servent à grand-chose » (L'interaction doit-être mutuellement avantageuse entre le lecteur et l'écrivain afin de préserver continuellement l'esprit de la connaissance).

LA REUSSITE ET L'ECHEC

« Le combat pour la réussite se fait à l'encontre de l'échec et non pas avec » (Pour promouvoir la réussite nous combattons l'échec et non pas combattre pour l'échec). « C'est parce qu'elle n'est pas sans cause qu'échouer est une chose surement qu'elle est différente de la réussite » (L'échec est causal différemment de la réussite). « La réussite est un combat de tous les jours aussi longtemps que l'échec sera une menace dans le temps, la réussite se nécessitera pour nous mette à l'abri du besoin » (La réussite est à promouvoir à jamais aussi longtemps que nous ne serons pas à l'abri de l'échec dans la vie). « Vaincre l'échec c'est convaincre la réussite » (Nous vainquons l'échec en convaincant la réussite partant de la méthodologie active suivie pour sa réalisation). « La raison de la réussite est qu'elle n'est pas sans raison, raison pour laquelle autre que précision est manquement dans sa progression » (La solution de la réussite ne s'oppose aucunement à la convenance de la précision). « Il faudrait être sûr pour bien réussir » (La réussite certaine recommande la sûreté de la part de l'acteur pensant). « Je n'appelle pas réussite ce qui s'oppose à la justice pour avoir plus il faut s'accomplir juste » (La réussite seule nous demande de s'accomplir juste dans la manière). « La réussite n'est pas que chance mieux elle est bon sens » (La réussite découle du bon sens dans la manière en plus de la chance). « L'effort de la réussite c'est l'essor de la justice mieux l'on s'éclaire juste l'on se comporte logiquement on réussit » (La réussite n'a autre clé que la raison dans la manière). « Là où l'on réussit on se suffit » (Nous réussissons partout où l'on se suffit). « Le travail n'a pas de limite partout où l'échec est fixe comme menace pour que la réussite soit il faudrait que la justice soit dans la manière » (Le travail est permanemment recommandé pour vaincre l'échec comme manière). « La réussite tout comme l'échec c'est la manière ainsi à défaut de réussir dans le temps on ne peut autrement qu'échouer dans la vie, le temps est utile dans le cadre de la détermination du cadre de vie de l'humain positivement ou négativement » (Le temps est déterminant pour la détermination de la raison de la réussite et de l'échec). « Le pire n'est pas de s'investir si on ne s'investit pas pour échouer » (Dans la mesure où l'on ne s'investit pas pour perdre l'investissement nous rassure).

LE PROBLEME ET LA SOLUTION

« Celui qui fuie la précision, fuit la solution avec » (Nous fuyons la solution partout où nous n'acceptons pas la précision). « La solution doit-être innovante pour le penseur aussi longtemps que le problème ne restera pas statique car on a tort de ne pas évoluer sa solution partout où nous assistons impuissant à l'évolution du problème » (La nécessité de solutionner recommande à l'individu d'évoluer sa réflexion en fonction de l'évolution du problème). « L'importance qu'on accorde à la connaissance dans la vie est celle qu'on accorde à notre existence en tout et pour tout sans doute celui qui néglige la connaissance s'enlise dans l'existence » (L'important est la connaissance pour ne pas manquer de solution). « La raison dans le combat c'est la solution dans le constat arrêtons de problématiser quoi que ce soit sans raisonner aucunement, objectiver c'est l'ultime manière de solutionner le problème ; on n'attend pas la solution de la part de celui qui ignore le problème » (L'instruction est primordiale pour atteindre la solution de la part de l'humain). « La précision n'est pas rien pour celui qui ne prend pas la solution pour rien » (Dans la logique où nous ne prenons pas la solution pour rien certainement que nous accordions de l'importance à la connaissance pour sa réalisation). « La solution ne se réalise pas seule par contre c'est l'humain qui la réalise, là où s'arrête la précision s'arrête la solution avec ainsi c'est à la réflexion de ne pas manquer de lucidité pour marquer sa solution » (La précision détermine la solution de long en large dans la vie ce qui déduit que toute analyse clairvoyante la concernant est le produit d'une réflexion intelligente). « Face à une solution inintelligente le problème intelligent prend toujours le dessus : quelle différence y a-t-il entre une solution mal pensée et un problème ?» (L'importance de bien penser nos solutions est nécessaire pour endiguer les problèmes sinon un problème mal diagnostiqué aboutit à un autre problème au lieu d'une solution). « On ne saurait vaincre le problème sans convaincre la solution autant la farce ne fait pas la force autant l'illusion ne fait pas la solution si nous la voulons durable » (La capacité mentale pour l'individu de distinguer l'erreur de ce qui ne l'est pas est toujours une constante requise en vue de réussir sa mission de quête de solution). « Point de solution sans soumission à l'essentiel étant donné que l'essentiel c'est la précision pour arriver à la solution comme destination » (L'individu doit accepter de se soumettre à la raison pour solutionner les problèmes de la vie dans la mesure du possible sachant logiquement que l'homme n'est exclusivement pas un être de raison). « On ne doit pas se limiter au rêve pour matérialiser ambition : ambitionner d'accord mais travailler ensuite » (Il n'est pas aisé de se limiter à l'ambition pour réaliser ses rêves en terme de solution par contre il importe de pousser son ambition dans le cadre du travail en vue d'arriver à réaliser ses rêves). « Derrière chaque solution il y a une conviction qui concorde avec la précision » (La précision est sans doute l'éternelle conviction qui accompagne la solution qui se veut certaine). « Celui qui a compris à tort ne peut pas solutionner le tort, la compréhension est toujours requise pour atteindre la solution). « Bien d'illusions mènent à pas mal de problèmes ; plus nous sommes convaincus par l'illusion profondément nous nous enfonçons dans le problème » (L'individu qui se laisse gagner par l'illusion se trouve enfoncer dans le problème). « C'est parce qu'on n'illusionne pas pour solutionner quoi que ce soit qu'on a tort d'illusionner : arriver demande tout sauf se tromper » (L'illusion n'a rien de productif ce qui fait que l'esprit inventif doit savoir s'en éloigner pour vivre en paix). « Quand le problème fait gagner c'est que la solution fait perdre ainsi la solution est mal comprise, il n'y a pas de confusion entre le problème et la solution quand on voit juste à travers son appréciation » (Mal pensée la solution ne sert à rien n'étant autre qu'un problème incompris). « Partout où l'on change de solution on change de position avec » (La solution est liée à notre conviction là où nous l'orientons nous orientons la solution avec). « En guise de solution c'est parce que la précision n'est pas limitée raison pour laquelle elle suffit comme amplement comme solution : en matière de solution quand la précision est, tout y est » (La raison suffit largement comme solution n'étant pas limitée). « La solution du détour est justement la solution d'un jour partant du détour la solution ne réussit durablement pas : on peut se tromper de réalité mais on ne peut pas tromper la réalité ! » (La positivité est le propre d'une solution durable). « On n'impose pas sa solution sans que la réalité ne nous impose la sienne si nous adoptons une posture contraire à la vérité » (La précision a toujours raison de la solution mal pensée). « De la sorte où on ne fuie pas la vérité pour la dépasser on n'impose pas sa solution pour la profiter durablement par contre la solution oui en somme aucune solution n'est lacune chez la précision uniquement » (Tout finit par la précision la solution c'est la précision). « Il n'y a pas de petites solutions face au problème convenable dans la mesure où le problème n'est jamais meilleur pour induire la solution dans l'erreur si nous n'arrivons pas à solutionner un problème mettons-nous dans la tête que ce n'est pas l'échec de la solution plutôt celui de l'acteur par conséquent que nous ne sommes pas encore arrivés ce qui implique qu'on doive toujours réessayer pour réussir passant par la voie appropriée » (La solution n'échoue pas par contre nous nous trompons la concernant ou pouvons ne pas l'admettre ayant de la difficulté à l'adopter sinon elle reste efficace à jamais face au problème convenable). « C'est mal pensée qu'elle pose problème de quoi s'agit-il d'autre que la solution car pensée contre le problème le résoudre objectivement si nous sommes cohérents dans la démarche » (La solution doit s'opposer au problème pour garantir sa pertinence). «Toute complicité entre la solution et le problème est une improductivité de la réflexion : bien pensée il ne saurait y avoir exclusivement de convergence entre le problème et la solution » (L'opposition détermine la solution et le problème et non pas le contraire). « Dans la mesure où la normalité n'est pas l'ennemi de la stabilité la solution ne saurait être un frein pour l'amélioration de la condition de vie humaine une fois bien pensée sûrement que la solution n'empêche pas de prospérer » (L'impact de la solution dans la vie humaine est toujours positif partout où nous le pensons bien). « Seulement toutes les solutions appartiennent à la précision, au juste précis dans l'analyse nous tenons face aux défis » (Il n'y a nulle solution qui peut se démarquer de l'objectivité dans la démarche). « Il ne suffit pas d'aimer la solution pour obtenir son aide mieux il faut l'adopter pour la profiter » (Le réalisme nous recommande d'adopter la solution en plus de l'avoir aimé pour obtenir son aide). « L'effort consacré au tort est une plaie pour la solution ! » (Mal investi l'effort ne concorde pas avec la solution ; sans précision la résolution ne sert pas). « Il ne faut seulement pas penser pour solutionner mieux il faut raisonner ; sans quoi il n'y a pas de solution c'est bien la précision dans l'orientation ni plus ni moins » (La qualité distingue le problème de la solution, sans connaitre son orientation au préalable impossible de déterminer le sens). « Si le fou n'est pas sans besoin cependant il ignore bon nombre de ses besoins ce qui conclut au fait qu'on n'attende pas de la solution de la part de celui qui ignore ce que c'est qu'un problème, il faut la conscience pour distinguer le bon sens du non-sens plus loin le problème de la solution » (La folie étant une maladie mentale fait en sorte que nous sommes ne sommes pas concernés par les problèmes relevant de la raison même si nous avons des besoins naturels propres à l'espèce humaine). « Si ce n'est pas mal d'avoir la solution cependant c'est mal de se faire avoir par sa solution » (La solution ne nous aide que lorsque nous ne nous trompons pas la concernant). « C'est parce qu'on peut se tromper de solution sans pour autant tromper la solution raison pour laquelle l'illusion ne suffit pas comme solution sans doute autre que précision est manquement dans la solution » (La solution certaine est assise sur la précision effective). « Celui qui s'oppose à la solution est faux dans son opposition » (La solution ne s'oppose pas à la solution mais le problème oui, ainsi l'individu qui s'oppose à la solution a une perception injuste de la réalité). « La solution ne nous réserve autre avenir si ce n'est réussir car à la différence du problème elle est l'assise qui apporte plus passant par le sceau de la justice, c'est partant de la différence entre la précision et l'imprécision que nous tenions à la solution comparée au problème à cause de sa faveur ! » (La comparaison n'est pas faisable entre la solution et le problème le bénéfice pareillement). « Mieux nous raisonnons mieux nous solutionnons, celui qui dit non à la précision dit non à la solution, s'efface dans sa conviction » (La précision seule concorde parfaitement avec la solution ainsi s'opposer à elle c'est ne rien faire pour réussir). « L'évident est la solution de tous les temps, aussi longtemps que le problème restera intact l'évidence brillera de sens et en chance pour le résoudre objectivement : sans conteste n'échoue pas face au test !» (La solution au problème relève du sens évident dans la vie qu'on le veuille ou pas). « A moins qu'on ne se trompe de problème le problème ne mène pas à la solution, la solution mal pensée est un problème déguisé » (Nous n'attendons pas la solution du problème d'un mauvais diagnostic le concernant). « Celui qui se préoccupe pour la solution s'arrange à préoccuper le problème ! » (Nettement pensée la solution au problème demande qu'on le préoccupe et non pas le renforce). « Ce n'est pas sans force qu'on triomphe face à la farce » (Nous réussissons face à la farce partant de la force de la raison). « On a raison de se préoccuper face à une solution qui ne répond pas à nos préoccupations car malgré nous même dans cette impasse on se retrouve avec un problème renforcé à résoudre » (La solution ratée renforce le problème souvent). « La solution mal pensée est un problème en plus » (L'erreur dans la solution mène au renforcement du problème). « Une solution mal pensée est un problème mal jugé » (Le jugement déraisonnable du problème n'aboutit pas à un diagnostic convenable pour la solution). « Celui qui ne se préoccupe pas du problème en avance est souvent préoccupé par le problème en retard ainsi au lieu de le contenir il nous contient avant qu'on ne s'invente puis le solutionne » (La solution du problème nous ne l'obtenons pas sans raison comme vocation). « On n'attend pas la solution de la part de celui qui ne comprend pas le problème car dans l'illusion nous nous limitons dans la progression » (L'illusion est une limite pour la progression de l'humain). « Celui qui n'abandonne pas la solution, raisonne avant qu'il n'abandonne » (La raison importe pour qu'on raisonne avant qu'on n'abandonne quelque chose). « La solution n'a autre condition que la précision dans la réflexion dans ce cas partout où la réussite nous importe la vérité se nécessite en guise de solution, la solution d'accord mais la compréhension d'abord » (L'instruction est l'assise de la réussite ce qui fait qu'il réussisse comme solution). « Bien réussit la solution concorde avec la dévotion, la dévotion de la création mène à la solution qui tient à la précision » (La solution dans la création émane de la précision dans la personnalité). « Plus que la théorie la solution ne se passe pas de la pratique pour que la solution nous réussisse il faudrait qu'elle ne se passe pas de la précision mieux l'on élargit son horizon intellectuel plus nous solutionnons les défis existentiels » (L'engagement humain à épanouir davantage l'horizon intellectuel de l'humain lui permet de solutionner au mieux les problèmes de la vie). « Comme il le faut la solution se dresse contre ce qui est faux » (La solution est l'expression contraire du problème). « C'est seulement mal pensée que la pensée entrave l'avancée idem pour la solution à l'endroit de la progression » (La solution ne renforce pas la solution partout où nous la pensons à l'encontre de la précision). « Apprendre est une chose, comprendre en est une autre entre l'existence du problème en réalité et la réalité du problème sur l'existence la différence est majeure et nécessaire pour remonter à la solution par la méthodologie du diagnostic » (L'humain doit savoir dissocier l'existence du problème en réalité de la réalité existante sur le problème pour réussir sa démarche d'atteinte de la solution). « A le vouloir on peut s'opposer à la solution voire vouloir la remplacer par sa solution sans pour autant arriver à bout de la solution : avant et derrière, au-devant tout comme au-dessus de la solution hormis la solution il n'y a que l'illusion qui nous tracasse » (L'illusion nous tracasse en pensant autrement la solution que raisonnablement). « Que la vie est étrange dans la mesure où au moment où des humains s'arrangent pour faire triompher la solution d'autres s'arrangent pour faire triompher le problème aussi longtemps que les individus percevrons la vie autrement ils continueront à être des solutions ainsi que des problèmes les uns pour les autres selon les circonstances de la vie en fonction de l'intérêt qu'ils recherchent » (L'intérêt que nous cherchions dans la vie fait en sorte que nous nous dressions en problème les uns à l'endroit des autres). « Partout où triomphe la raison, triomphe la réussite avec il convient de perpétuer la culture de la droiture pour laisser une ouverture à la droiture comme mesure » (La mesure de la droiture est celle convenable pour permettre à l'individu d'aller de l'avant dans sa quête de la solution). « La solution exige la soumission à la précision » (La solution recommande au mieux de se soumettre à la précision pour réussir dans sa démarche). « Celui qui n'a pas connaissance de son existence peut-il avoir connaissance de la solution dans la vie ? La connaissance de la vie chemine sur celle de la solution » (La connaissance de la vie est pareille à celle de la solution alors qu'il n'y a autre solution que celle de la précision). « On ne pense pas la solution sans solutionner sa pensée : de la pensée certaine émane la solution pleine » (La solution pleine émane de la pensée logique). « Là où s'arrête notre réflexion s'arrête notre compréhension avec en compagnie de la solution qui est notre » (La solution d'un individu est fonction de sa réflexion à travers ses limites). « Ce n'est pas pour solutionner le tort qu'on a tort dans sa solution » (Nous n'avons nullement pas tort de résoudre ce dont nous ne résolvons pas à tort). « La solution du tort empêche qu'on soit fort » (Le tort comme solution ne profite nullement pas au profit durable de l'humain). « Croire à la solution n'est forcément pas la connaitre dans la mesure où nous croyons souvent à tort le chemin qui sépare la proposition à la confirmation de la solution est parfois long » (La proposition et la confirmation de la solution fait deux). « La solution est nécessaire partout où le nécessaire ne se passe pas de la précision » (La solution se nécessite seulement avec précision). « C'est sans raison qu'on s'oppose à la solution autant il est ridicule de penser pouvoir combattre la vérité sans pour autant s'abattre en réalité » (Nous nous trompons en réalité pensant pouvoir chercher la solution en dehors de la précision).

LE BONHEUR ET LE MALHEUR

« Le bonheur se cultive par la lumière dans la manière au juste ce qui ne nuit pas participe à la jouissance chez l'individu » (Le bonheur durable nous ne l'obtenons pas sans accomplissement certain dans un chemin logique). « On ne se dit exclusivement pas bon par contre on le vit, la bonté ne se limite seulement pas dans le dit pour la personnalité cependant nous la vivons en l'opérant dans nos faits et gestes de tous les jours » (La bonté nous réussit dans la mesure où nous l'opérons positivement). « L'assurance est dans le bon sens et le bonheur avec » (L'assurance est le bonheur dans l'existence). « La bonté n'a autre portée différente de la positivité » (Exclusivement la bonté mène à la positivité dans le sens). « Celui qui ne reconnait pas ses erreurs n'est pas prêt pour la paix, impossible de cheminer à la paix dans l'ignorance de l'essentiel qu'est la reconnaissance de ses erreurs à fin de promouvoir la suffisance dans sa manière » (L'acceptation de la vérité nous chemine vers la paix en ne fuyant pas notre responsabilité). « Plus on est responsable plus on est pacifique ainsi nous incarnons le bonheur dans la manière » (Le bonheur implique la paix dans l'habitude). « Point de paix sans bonheur celui qui cultive le bonheur cultive la paix » (La paix ne se conçoit pas sans bonheur dans la manière). « On doit tout à la lumière pour promouvoir le bonheur » (Le chemin requis pour atteindre la paix est la lumière dans la manière). « Celui qui ne fuit pas la lumière ne fuit pas le bonheur avec » (Durable le bonheur est dans la lumière). « Plus de rigueur mène à plus de bonheur dans la vie pourvu que la rigueur ne se démarque pas de la lumière » (Quand on s'engage bien nous renforçons certainement le bonheur dans notre façon d'être). « La guerre contre la morale n'est pas vitale pour le bonheur » (Combattre la morale ne promet pas le bonheur durable). « Au-delà du cœur le bonheur c'est la manière choisie par la lumière » (La lumière est le propre du bonheur durable).

LA PAIX ET LA GUERRE

« La meilleure manière de marquer sa vie à jamais c'est se faire remarquer dans son existence par des gestes éclairés allant dans la direction de la promotion de la paix » (L'esprit pacifique recommande la sagesse dans la manière). « La paix ne demande rien qui ne s'oppose à rien pour qu'elle soit certaine la paix s'oppose exclusivement à tous d'incertains dans la vie : tout ce qui appelle à la paix appelle à la lumière à la grandeur dans la manière dans l'existence » (L'existence nous ne la renforçons pas sans que nous ne cultivions pas la paix dans notre vie). « Il faut rêver de la paix à jamais pour la cultiver pour l'éternité afin qu'elle nous soit utile ; dans la mesure où on ne sera jamais à l'abri de la guerre soyons toujours prêt pour la paix » (La paix nous renforce utilement dans la mesure où nous devons la cultiver à jamais dans la vie). « Tant qu'on rêvera de la paix nous nous accomplissons pour la faire vivre » (Il importe pour l'humain de s'accomplir pour le renforcement de la paix à jamais). « Celui qui se trompe de guerre la déclare à la paix : la paix mal pensée n'a d'égale que la guerre » (La paix mal pensée débouche sur la guerre). « On n'abandonne pas la guerre qui nous donne la paix ce qui déduit que toute guerre qui renforce la paix est à entretenir pour réussir : de bonne guerre nous nous évertuons pour atteindre la paix » (Nous n'atteignons pas la paix sans qu'on ne s'assume largement en toute persévérance » (La persévérance dans l'effort de la paix ne nuit pas à son implantation si nous la pensons bien). « La garantie de la paix ce n'est pas l'exclusion de la guerre mais la guerre contre l'exclusion en prônant la justice sociale assise de la fraternité humaine » (La fraternité humaine est l'assise de la vie épanouie). « On n'impose pas la paix sans qu'on ne s'impose la vérité l'unique prix de la paix c'est la vérité en réalité ; la justice dans le comportement » (La vérité est la manière lucide pour renforcer la paix). « La maitrise de la paix ne se fait pas à l'encontre de la maitrise de soi : celui qui nourrit la maitrise de soi s'assagit devient un acteur déterminant pour la paix » (La maitrise de soi est l'assise de la paix existentielle quand elle débouche sur la justice). « On ne fait pas la paix dans l'ignorance de la guerre ce qui déduit que l'ignorance mène à la guerre : la paix d'accord mais la guerre d'abord pour mieux garantir la paix on doit bien s'investir pour le compte d'une guerre éclairée car pour gagner une cause il faut s'arranger à combattre une autre » (La réussite dans la démarche pacifique de l'humain recommande qu'il s'éclaire bien d'abord en vue de réussir son entretien). « Quand l'on manque de guerre arrangeons nous à la déclarer au manque sinon nous nous la déclarons dans la mesure où nous combattons à vie pour réussir son compte » (Nous ne réussissons pas notre compte sans qu'on ne s'investisse logiquement et sérieusement). « On déclare la guerre au défaut par contre on ne la déclare pas avec pour qu'elle nous conforte : bien misée la guerre s'illustre contre l'erreur et non pas avec » (La réussite d'une guerre est fonction de sa précision). « La vie est un combat de tous les jours gare à ce qui le font avec détour » (La réussite de la guerre continuelle de l'existence est liée au caractère décomplexé du combattant). « Les Bonnes personnes font les bonnes guerres car défendent les justes causes » (Bonne est la conscience, certaine est la guerre). « Il ne faut seulement pas de faire la guerre mieux il faut faire sa guerre pour ne pas s'induire dans l'erreur source de misère » (Pour se distancier de l'erreur source de misère dans la vie nous devons faire notre guerre plutôt que la guerre). « La guerre n'est pas qu'opposition mieux elle est aussi soutien et proposition pour ou contre ce que nous combattions ou ce pour quoi nous souhaitons combattre » (La guerre c'est l'opposition ou le soutien en fonction de ce qu'on pense être utile). « S'il y a une guerre à faire ne serait-ce qu'une guerre à faire dans la vie et pour la vie c'est la guerre pour la raison dans l'existence tout ce qui permet à l'existant de s'émouvoir pleinement dans la maturité est une cause raisonnable par conséquent défendable et profitable durablement » (Le propre d'une cause certaine est qu'elle nous aide à réussir). « Il faudrait que la peur de la guerre ne nous fasse pas perdre la guerre contre la peur pour vivre le bonheur s'il s'agit de s'opposer à la manière de l'erreur » (La peur de la guerre ne doit pas nous dissuader à ouvrir les hostilités contre la guerre qui nous permet d'arriver à bout de la peur si notre salut dépend). « Pourvu qu'elle concorde avec la lumière le salut est dans la guerre » (Le salut est dans la guerre qui se déclare avec le sceau de la lumière). « Pour bien la faire il faut d'abord connaitre sa guerre vouloir se battre et savoir se battre ça fait deux !» (La bonne connaissance de notre guerre nous permet de la mener avec brio). « L'important est de ne pas se tromper de guerre pour sortir combler dans sa manière toujours l'erreur est l'unique chose à combattre pour bien entreprendre rassurons-nous d'abord à lutter contre l'erreur ainsi combattre nous sera utile » (La guerre nous est utile partout où nous ne la déclarons pas à l'utile). « Une chose est de déclarer une guerre une autre est de la gagner entre aimer se battre et savoir se battre la différence est de taille ne pas le savoir nous conduit justement à la faille ! » (La différence est large entre gagner une guerre et le fait de déclarer les hostilités). « La guerre d'un jour est la guerre qui finira par nous jouer des détours dans la mesure où les bonnes causes se protègent à jamais la bonne guerre pareillement » (La nécessité de combattre à jamais est utile et très certaine pour l'humain éclairé). « La réalité de la guerre est qu'il n'existe pas qu'une seule réalité en la guerre à chaque hostilité sa spécificité plus les réalités diffèrent les guerres elles aussi ne restent pas en marge » (La différence est souvent palpable entre les hostilités en fonction des réalités qui les font naitre). « On est maitre que par la guerre quand on sait faire sa guerre et non pas se faire la guerre au mieux ce qui compte pour que le compte soit n'est autre que l'intelligence dans la défense synonyme de suffisance dans l'existence » (L'intelligence dans la défense est synonyme de sécurité pour l'humain éclairé dans le temps et l'espace ainsi s'aviser d'abord permet à ce dernier de savoir déployer des stratégies éclairées de défense). « Une guerre perdue est une guerre mal pensée autant une cause perdue est une cause mal gérée » (Toujours l'impact de la connaissance est crucial dans le cadre de la réalisation de la suffisance humaine dans la vie). « Celui qui ne déclare pas la guerre à la vérité la déclare pour sa personnalité ; la seule garantie qui existe dans la lutte c'est être juste de vue en vue de réaliser son but » (La réalisation de notre but recommande la justesse dans la vie). « Quand on est meilleur dans le fait on déclare la guerre à l'erreur et non ne la déclare pas avec » (La lucidité dans la manière fait en sorte que nous déclarions la guerre à ce qui ne nous profite pas comme cause plutôt qu'à l'objectivité). « Sachons bien défendre les causes qui nous sont utiles de ce fait nous combattons de facto celles qui nous nuisent : dans la mesure où rien d'utile n'est ridicule la bonne guerre s'assume logiquement autour de la bonne cause » (La guerre éclairée n'a autre cause à défendre si ce n'est celle rationnelle). « Plus loin l'impact de la guerre ne se limite seulement pas à celui qui la déclare raison pour laquelle positivement ou négativement peu importe la coloration de l'orientation humaine il agit sur son milieu provoque souvent de changements majeurs à la longue regrettable ou pas en fonction de sa cohérence ou pas avec le bon sens » (Nous tirons profit certainement des faits que nous posions dans la vie mais aussi le milieu dans lequel nous vivons sinon plus loin d'autre milieu dans un processus interactif entre les humains le mieux pour l'individu éclairé dans ce cas est de bien penser sa raison guerrière pour bien impacter sur le développement de la vie de ses contemporains y compris la sienne). « Ce n'est pas la faute à la guerre si on la déclare contre la faute » (Qu'elle s'oppose à l'erreur n'est pas un problème de la part de la guerre profitable car l'erreur enfonce au lieu de libérer). « Le vrai combat d'une vie se gagne à la sueur du front derrière le mérite de la lumière » (Le mérite de la lumière renforce l'individu dans sa marge). « Au lieu de combattre pour son bonheur nous combattons notre bonheur en ne sachant pas comment s'y prendre raison pour laquelle la guerre certaine est celle qui se déclare à l'encontre de l'illusion pour s'assurer la progression quand notre réussite nous intéresse bien nous nous renseignons bien avant de s'engager à sa recherche » (L'éclairage pour la réussite est de bonne guerre). « Pour réussir son combat nous ne combattons pas la réussite » (La réussite d'un combat dépend de sa concordance avec le bon sens et non pas le contraire). « Partant ou pas dans la vie on est combattant » (Nul ne peut refuser de combattre dans la vie on fait sa guerre ou on se fait la guerre c'est tout). « Le salut de la guerre émane logiquement de sa droiture pour qu'elle serve d'ouverture la guerre n'a nullement pas pour vocation d'infliger de la blessure mieux de la soigner » (La guerre doit soigner la blessure et non pas l'infliger si nous la voulons positive). « L'Homme de toutes les guerres ignore finalement sa guerre : il est utile de faire la part des choses pour mieux défendre sa part dans les choses » (Faire la part des choses est un exercice difficile mais utile pour promouvoir la réussite de l'implication humaine). « La guerre qui tient à l'ordre s'exécute contre le désordre ; la guerre de l'arrangement s'opère à l'encontre du dérangement » (Le combat de l'honneur n'a autre sens que de s'opposer au déshonneur). « Dans la guerre tant qu'on n'aura pas foi au changement nous ne changerons pas notre foi » (La foi au changement dans la guerre permet de changer notre foi pour atteindre l'objectif assigné). « C'est parce que nous sommes convaincus différemment que nous combattions différemment » (Nous combattons différemment n'oubliant pas que nous sommes convaincus différemment). « La vie que nous menions détermine la guerre que nous faisions : on fait la guerre pour ce qu'on a dans le cœur » (L'individu protège ses intérêts à partir de ce qui lui tient à cœur).

LE BIEN ET LE MAL

« Ce n'est jamais mal de croire si nous ne croyons pas au mal, seulement la croyance n'est pas mal si le mal ne constitue le socle de la croyance » (La croyance nous réussit partout où nous l'orientons bien). « Quand il s'oppose au mal en quoi le mal est-il mal ? Importe que le bien pose du problème au mal cependant il reste bien avant et après tout : si nécessaire il faut se faire du mal pour ne pas arriver à se faire du mal ! » (Le bien ne change pas peu importe sa posture, le sacrifice, la souffrance conduit si nécessaire au bien). « Plus c'est vigilant plus c'est bienveillant » (La vigilance renforce au juste la bienveillance dans la conduite). « Ce qui s'oppose à la raison c'est ce qui n'est pas pour notre bien : outre que le bon sens est insuffisance dans le sens » (Le bon sens seulement incarne la suffisance dans l'orientation). « Le bienfait est bien prêt à jamais » (Plus c'est précis mieux ca réussit). « On ne fuit pas la vérité sans fuir le bien avec, une fois intelligent de vue on ne s'oppose pas à la vue de l'intelligence par contre on se soumet pour s'imposer avec ce qui couronnera notre existence de bonheur » (Le comble dans la vie émane du sérieux dans le comportement). « On n'arrive pas à bout du bien par contre on arrive avec le bien à bout » (Nous arrivons avec le bien à bout et non n'arrivons pas à bout du bien, nous tenons avec la vérité et non pas contre). « Si le bien n'est pas sans importance nous ne le saurons pas dans l'ignorance du mal ainsi dans la méconnaissance nous sommes confus dans le choix ainsi il nous devient difficile de rationaliser son choix » (Il importe de s'instruire d'abord pour rationaliser son choix dans la vie). « La vie du bien est là pour l'éternité dans la logique où le bienfait n'est jamais perdu logiquement que le bienfaiteur est éternel comme modèle » (Le bienfaiteur est éternel comme modèle venant de l'assise du bienfait). « On ne s'oppose pas au bien sans s'opposer à son bien avec, la malice dans le jugement ne nous recommande pas de juger à l'encontre de la raison pour que le jugement suffise » (Le jugement suffisant se fait à l'encontre de l'illusion donc en complicité avec la raison). « Ne manquez pas de temps pour la raison, la précision, la solution ainsi certain dans la donne vous ne perdrez pas de temps dans le temps vous vivrez gagnant en tant qu'existant » (L'existence certaine nécessite l'orientation renforcée du temps humain à l'opérationnalisation des valeurs certaines ainsi l'adoption de la précision par la réflexion est gage de réussite pour l'individu). « Celui qui s'abstient de la lumière s'abstient du bonheur avec » (L'abstention de l'individu de la lumière coïncide avec celle du bonheur de sa part). « Pour l'éternité il faut perpétuer le combat pour le bien car aussi longtemps que la vie se fera le bien se nécessitera pour la combler » (Nul vit ne se comble dans l'insuffisance le bien est la seule source qui procure la suffisance à la vie). « Seulement on donne un sens certain à sa vie si on ne vit que pour le sens du bien » (Nous ne perdons pas en tant que modèle vivant en s'opposant à la perte dans la vie). « Bien sage nous sommes à la page, non en déphasage avec le bien nous ne sommes pas otages dans la vie » (L'individu sage se sert de l'élan de la raison pour réussir dans la vie). « On construit la bonté en soi en détruisant la méchanceté comme choix » (On s'oppose au mal pour rehausser le bien). « Déchoir le mal c'est promouvoir le bien » (La promotion du bien se passe de celle du mal concrètement). « Nous ne garantissons pas le bien en étant un garantit pour le mal : à jamais nous ne promettons jamais le bien à ne compromettant pas le mal » (L'ambiguïté n'est pas la dessus soit nous soutenons le bien ou soit nous appuyons le mal dans la vie). « N'importe qu'il ne soit pas certain de cause le mal n'est pas sans cause » (La cause du mal se différencie de celle certaine du bien malgré tout elle reste une cause). « Seulement c'est bien de peiner si nous peinons pour le bien rien de bien ne se dresse contre le bien » (Le bien nous réussit en tout si nous ne nous opposons pas à sa résolution). « Si le bien dérange c'est pour ensuite arranger : tout d'utile est difficile point de jouissance sans souffrance point de bénéfice sans sacrifice » (Le sacrifice appuie le bénéfice). « Le bénéfice du bien est au bénéfice du bienfaiteur » (Le bien ne se dresse pas contre le bienfaiteur au contraire il le sert agréablement). « Si le bien a un frein c'est qu'il est exclusivement contre le mal, au juste le bien ne nous interdit rien de bien » (Le bien ne nous interdit rien de certain). « La bonté est juste à fêter ; on peut dignement se glorifier de la bonté sans jamais le déplorer » (On ne déplore pas la bonté car elle est pleinement réussie comme comportement). « On n'est jamais bon à son détriment étant donné que le raisonnement est l'unique rudiment de la stabilité » (Le bienfaiteur ne s'exécute pas à son encontre). « Bon l'on se sait » (Le bon se connait). « Le plus souvent le progrès se cherche seul par contre il se savoure ensemble ; le chemin sacrificiel qui sépare l'humain curieux de la découverte d'une norme inconnue se fait généralement seul alors qu'une fois la victoire acquise le progrès se savoure ensemble » (Le progrès se savoure ensemble). « On n'est mieux conforté que par la bonté dans la personnalité » (La bonté dans la personnalité seule conforte l'humain dans son plénitude). « S'il ne voit rien à la bonté celui qui fuie la bonté souvent c'est parce qu'il ignore sa vraie valeur » (L'ignorance de la vraie valeur de la bonté fait en sorte que nous fuyions son impact nécessaire à notre aboutissement). « Tout ce qui se dresse contre la bonté ne se dresse pas pour la bonté, rien de la négativité n'est un rempart contre l'essor de la négativité » (L'essor de la négativité ne se passe pas par la positivité par contre la négativité). « Toute utilité est à la positivité à la bonté pour la personnalité » (Il importe de se fier à la raison pour réussir sa confiance). « Ce qu'importe chez le bon sens est qu'il est tout pour ne pas se tromper de porte » (Là où nous nous situons sur la réalité nous réussissons avec lucidité dans notre démarche). « Le bon sens n'est jamais acté pour s'empêcher » (Le bon sens nous ne l'actons pas dans la démarche pour échouer par contre réussir oui). « Ce qui se dépense pour le bon sens nous récompense dans l'existence, on ne s'adonne nullement pas au sérieux pour s'abandonner en réalité, le remède du vice c'est la franchise comme assise » (L'assise qui mène à la bonté réussit pleinement dans sa marque). « Partout où la bonté n'est pas respectée la personnalité n'est pas respectée » (L'individu est respecté selon le sceau de la bonté). « Il n'y a pas de maturité sans bonté ce qui déduit que seule le bon sens est le sens par excellence » (La bonté réussit étant logiquement le sens par excellence).

LA JUSTICE ET L'INJUSTICE

« Celui qui se bat pour la justice ne se bat nullement pas à l'encontre de ce qui est juste raison pour laquelle la cause que nous défendions explique la personne que nous sommes ; impossible de défendre la justice et l'injustice à la fois » (L'action de l'individu dans le temps et l'espace explique son orientation envers la justice ou l'injustice). « Pour qui l'injustice est plaisante certainement que la justice est dérangeant : partout où nous arrivons à réunir justice et injustice certainement que nous nous trompions sur le vrai sens de la lucidité » (Au clair on ne peut pas converger la justice et l'injustice dans la même direction). « La précision a pour tâche la correction ni plus ni moins » (La tâche de la justice est limitée à l'application de la précision dans le fonctionnement du cours de la vie). « Seule la justice rapporte plus dans le cadre de la promotion de la stabilisation de la vie, car sans justice pas de paix » (A jamais la justice est recommandée dans le processus de stabilisation de la vie). « Celui qui se bat pour la justice se justifie pour battre ainsi ne s'abat pas dans sa donne n'importe qu'elle soit difficile à suivre la justice suffit largement comme choix » (La justice est un choix raisonnable mais difficile à suivre dans la vie). « On ne peut pas tenir à la justice et ne pas justifier sa tenue » (La justification de notre tenue détermine ce qu'elle est). « La justice n'est jamais complice de l'injustice parce qu'elle ne la convainc pas » (La justice et l'injustice se s'associent pas du tout). « Toute la force de la justice émane de sa disposition à s'opposer à la farce » (La justice s'oppose à la farce c'est cela qui fait sa grandeur). « La clé de la justice c'est la vérité en entièreté » (Il importe d'appliquer la justice pleinement selon toutes les recommandations de la vérité). « C'est clé d'être juste car juste nous vivons riche » (Nous obtenons la richesse dans la justice). « A part de faire prospérer la réussite ne fait pas régresser : soyez juste de manière ainsi vous triompherez avec grandeur » (Le triomphe de l'individu dans l'existence demande qu'il soit juste de manière). « C'est parce qu'en la voulant durable on ne réussit pas sans la justice voilà pourquoi la justice est indispensable pour générer du bénéfice » (La justice est nécessaire pour gagner plus). « On est jugé même si on ne sait pas juger » (Peu importe qu'on sache ou pas juger nous sommes jugés le plus souvent par nos semblables). « Dans la mesure où la justice est l'assise de la réussite celui qui est contre la justice est contre sa réussite » (S'opposer à la justice c'est s'éloigner de la réussite partout où la justice est l'assise de l'avancée). « Partout où la justice nous trompe l'in justice nous comble la justice mal pensée n'a d'égale que l'injustice : la justice de l'individu perdu n'a d'égal que l'injustice » (L'injustice est la justice de l'individu égaré). « L'injuste est insulte » (Dans l'injustice il y a l'expression d'une insulte quelconque). « Là où règne la justice règne la paix ; point de paix sans justice, la promotion de la vérité passe par celle de la paix » (La paix émane de la justice dans le temps et l'espace). « Partout où la justice ne nous importe pas logiquement que la paix ne nous conforte pas : on est pacifique qu'en étant logique » (L'individu logique est pacifique dans sa démarche partant du point de vue où seule la vérité renforce la paix). « On ne fait pas la paix en ignorant la paix plutôt nous confortons la guerre » (Nous confortons la guerre en ignorant la paix). « D'une part si la paix ne ment pas c'est parce qu'on ne ment pas pour faire la paix » (Dans la mesure où le mensonge n'est pas la solution pour cheminer vers la paix, mentir c'est se compromettre la vie). « La paix se nécessite partout où la vie se nécessite car aussi longtemps durera la vie durera le besoin d'acquisition de la paix avec ; dans la vie au fur à mesure que nous évoluions nous nous engageons en vue de renforcer la paix intérieure en nous » (La paix nous ne saurons jamais la promouvoir à partir de rien par contre c'est en bien la pensant qu'elle nous assiste). « Moins on s'adonne au mal plus on savoure la paix » (Tout comportement qui nous éloigne du mal dans le viseur nous mène à la paix comme manière). « La paix n'est pas l'absence de la guerre mais la volonté à la canaliser au mieux, pareillement l'entente n'est pas l'absence de toute mésentente plutôt notre volonté à circonscrire la mésentente au mieux » (L'importance de canaliser la guerre au mieux fait la paix dans la vie). « Faire la paix c'est parfaire sa guerre » (La paix demande à parfaire la guerre). « Faire la paix c'est aussi et surtout se défaire de la guerre » (Nous faisons la paix en nous défaisant de la guerre). « La guerre c'est la manière qu'on la réussisse ou pas » (Nous ne réussissons pas où n'échouons pas la guerre sans passer par le canal de la manière qui l'accompagne). « La paix réussit à celui qui ne réussit pas sans la lumière dans la manière » (Le bon sens est l'accomplissement de la paix par excellence). « La paix du cœur passe par la paix de la tête : nous concevons au mieux la paix partout où nous la cultivons dans l'idée » (La paix est une stratégie à nourrir puis à murir pour le bonheur collectif). « Pour faire la paix loin de défaire la guerre il faut plutôt la parfaire selon la manière de la lumière car on ne se protège pas contre et sans la protection par contre nous nous protégeons avec » (La protection de l'individu se fait à la lumière et non pas à l'encontre). « Le médiateur est un acteur qui concilie les maux du cœur et de la tête ; sans compréhension la médiation vire à la compromission » (La médiation ne réussit pas tant que le médiateur ne s'illustre pas au préalable derrière le b.a.-ba de la médiation). « Il n'y a pas de médiation sans compromission » (La médiation n'est autre qu'une proposition de solution en vue de raccorder les positions divergentes). « Le médiateur sait se taire » (Le médiateur n'est pas celui qui dit tout si tout n'est pas à dire). « Partout où la précision nous réussit la médiation nous réussit avec, point de réussite dans la médiation sans recours de la précision » (Le recours de la précision appuie suffisamment la réussite de la médiation). « Derrière chaque médiation il y a une incompréhension des positions qui vire à la compromission de la de la cohésion, le médiateur éclairé doit savoir rapprocher les positions malgré la divergence » (L'incompréhension de positions expose la réalité de la médiation d'où la nécessité du rapprochement des belligérants sur un point harmonieux). « La réussite de la médiation ne se passe nullement pas de la justice dans la réflexion : pensons bien ainsi nous réussirons contre le mal à rapprocher au mieux les positions belligérantes pour la promotion de la concorde sociale » (La promotion de la concorde nous ne l'obtenons pas sans qu'on ne s'engage fidèlement à réaliser la vérité dans notre conviction). « La médiation n'exclut pas le conseil pourvu qu'on veille pour le réussir au mieux le bon conseiller n'est autre qu'un bon lecteur de même un médiateur avisé » (La capacité de l'individu à bien lire entre les lignes de la vie lui permet de faire une médiation éclaircie dans la vie). « Se prétendre juste et être juste cela fait deux » (Nous ne sommes seulement pas juste parce qu'on le dit mieux plutôt parce que nous le sommes dans le fait). « La justice elle ne se dit seulement ; pas mieux elle se vit à entendre chacun de nous qui n'est pas juste mais à nous comprendre dans les faits n'importe qui ne l'est pas » (La justice nous la vivons dans le comportement plus loin que de la limiter au simple dit). « Rien n'est clé chez l'injustice raison pour laquelle elle rend malheureuse » (L'injustice rend malheureux dans la mesure où elle est sans assise). « Mieux l'on s'instruit bien l'on réussit sachant dissocier la justice de l'injustice » (La capacité pour l'humain de dissocier la justice de l'injustice nous permet de réussir à travers le gage de l'instruction). « C'est bien lumineux qu'on est sérieux et avantageux » (L'individu sérieux et avantageux est lumineux dans son cadre de vue et de vie). « L'injustice ne combat nullement pas l'injustice, se fier au mal n'est pas la manière maline de le défaire la justice nous ne la promouvons pas dans l'injustice vice-versa raison pour laquelle la différence est évidence dans l'existence » (La différence est évidence dans l'existence). « On est juste que de lutte n'ignorant pas que tout d'utile est difficile » (La compréhension de l'utilité dans la lutte humaine nous permet de comprendre l'importance du sacrifice). « Il faut se sacrifier pour la justice pour justifier son sacrifice » (Le bon sacrifice nous permet de se justifier positivement). « Ce n'est pas injuste de se sacrifier quand on ne se sacrifie pas contre l'injuste » (Là où nous ne nous sacrifions pas pour l'injuste nous nous sacrifions bien). « Mal s'instruire c'est mal se justifier » (Nous nous instruisons mal partout où nous nous justifions de même mal). « La critique ne change pas la justice loin elle la renforce quand elle nous permet de comprendre le cheminement logique qui nous mène à sa réalisation » (La critique de la vérité ne change en rien son état car étant le sens infaillible).

CHAPITRE II

TITRE DE NIVEAU I

LA FACILITE ET LA DIFFICULTE

« C'est parce que la difficulté a un sens que la facilité tient toute sa chance, si tout n'était que chance allons-nous encore craindre la malchance à plus forte raison de chercher à l'éviter ? » (D'une part l'importance qu'on accorde à la facilité tient à l'existence de la difficulté). « La difficulté n'est pas sans utilité dans la mesure où tout d'utile est difficile, pour bien réussir il faut d'abord souffrir sans qu'on n'arrête de s'investir comme il se doit » (Les sacrifices positifs conduisent aux résultats productifs). « La facilité sans la difficulté est juste une facilité qui laisse à désirer » (La facilité bien pensée est l'émanation d'une difficulté bien certaine). « Celui qui se facilite tout à partir de rien se complique bien les choses sans pour autant le savoir, si elle fait du bien c'est que la facilité n'est pas rien par conséquent pour la produire durablement il faut-être cohérent dans son raisonnement en faisant ce qu'on a à faire » (Faisant ce qui nous revient de droit la facilité nous assiste positivement dans le cas échéant nous nous enfonçons dans la difficulté sans forcément le savoir). « Celui qui fuit la difficulté fuit la facilité avec si toutefois il n'y a pas de facilité sans difficulté vice-versa » (Il importe de faire face à sa responsabilité pour l'humain sérieux en ne fuyant pas les défis une fois résolus lui permettant d'accéder à la solution durable et pérenne). « La meilleure manière de s'assurer la facilité c'est de s'assurer contre la facilité : pour la personnalité se révolter contre la facilité est la manière maline de la monopoliser à jamais celui qui souhaite réussir à jamais doit s'investir pour l'éternité et avec manière » (La consistance dans l'engagement nous permet de renforcer la facilité directive chez l'humain). « La guerre qui se mène pour la facilité ne se mène pas avec facilité » (La connaissance de la difficulté et l'endurance dans la méthode est la réponse appropriée à la lutte contre la difficulté). « S'opposer à la difficulté et s'imposer face à la difficulté cela fait deux » (Il importe de comprendre qu'on peut s'opposer à la difficulté sans pour autant parvenir à la contenir). « Les solutions mal pensées finiront toujours en punition à bout de souffle le mensonge s'essouffle ainsi la réalité apparait » (Les solutions mal pensées dans la vie nous ouvre la porte de la difficulté pour le vivant). « La facilité mal acquise finira toujours en difficulté » (Mal pensée la facilité ne tient pas durablement). « La facilité d'un jour est celle de tous les détours qui présage une difficulté certaine à venir). « Celui qui sait résister à la facilité sait probablement se résigner face à la difficulté » (Nous arrivons à résister face à la difficulté partout où nous gardons bien les pieds sur terre durant la facilité probablement dit). « La démesure n'est nullement pas une mesure contre la difficulté plutôt elle en est pour la démesure » (La démesure est une mesure qui renforce loin de lutter contre la difficulté). « La facilité n'appelle seulement pas à profiter sans opérer ; mieux elle appelle à s'engager pour triompher point de facilité sans difficulté : la facilité mal pensée est une difficulté qui finira par dérangée » (La position exclusivement certaine pour produire la facilité est de mieux s'instruire sur la difficulté). « Parfois l'utilité ou l'inutilité de la facilité et de la difficulté dépend de la circonstance dans laquelle nous l'adoptons l'endurance face à l'inconscience est justement celle qui est à renforcer par contre le côté contraire n'est pas salutaire : seule la résistance au bon sens est non-sens dans l'existence » (Il importe exclusivement à l'humain de s'opposer au non-sens de développer de l'endurance contre l'ignorance). « La difficulté est à devancer pour s'assurer l'avancée celui qui souhaite exceller ne doit nullement pas fuir la difficulté dans la vie » (Affronter la difficulté est une méthode idoine pour s'investir en toute exemplarité). « La difficulté bien comprise ouvre la voie à la facilité autant un problème bien compris nous mène à la facilité autant la difficulté bien comprise nous mène à la facilité » (La facilité durable n'est acquise que par le concours d'une difficulté réussie). « Il faut s'assister contre la difficulté en s'assurant de l'inventivité dans l'activité : investir d'accord mais s'instruire d'abord pour ne pas ajouter la difficulté à la difficulté ne confondons pas la difficulté et la facilité pareillement au problème et la solution » (La facilité durable s'acquière certainement dans l'intelligence appréciative de la réalité).

« La connaissance de la difficulté ne se fait nullement pas à l'encontre de celle de la facilité, c'est généralement sur le chemin de la facilité que nous affrontions la difficulté peu importe le chemin que nous empruntions objectif ou pas » (La difficulté est un chemin incontournable pour accéder à la facilité). « La difficulté n'exclut pas l'accessibilité » (Dans la difficulté il y a une porte de sortie plaise à Dieu). « La difficulté est une possibilité : tout d'utile est difficile » (La difficulté est gage de possibilité). « Face aux difficultés de la vie on n'a autre choix que de s'assumer face à la responsabilité de son vivant » (Assumons nous pour faciliter notre vie). « Nous ne combattons pas la difficulté au mieux tout en étant dépassé par la difficulté de combattre » (La difficulté se combat mieux avec la difficulté comme preuve). « La facilité pour toujours est certes sans détour au mieux le détour ne fait pas la facilité durable c'est juste raisonnable que la facilité réussit avec maturité, c'est après bien souffert pour la facilité qu'on pourra savourer tranquillement sa faveur en elle » (La facilité durable exige la réussite humaine dans le temps et l'espace). « Plus c'est nul plus c'est facile le plus souvent » (Ce qui est à la portée de tous n'est généralement pas rassurant comme portée). « Celui qui a la connaissance de la difficulté saurait mieux se comporter face aux difficultés de l'existence » (La connaissance de la difficulté permet de mieux faire face aux difficultés de l'existence). « L'importance de la facilité ne doit pas nous tromper sur la présence de la facilité dans la mesure où la facilité mal pensée n'a d'égale que la difficulté » (La nécessité de faire la part des choses entre la difficulté et la facilité est incommensurable pour celui qui souhaite faciliter sa vie au mieux). « Ce n'est pas sans importance qu'on s'accroche à l'existence au mieux la suffisance qui l'accompagne » (La suffisance qui accompagne l'existence humaine est fonction de l'importance qu'on accorde à la difficulté et la facilité). « Fuir la difficulté contribue certainement à la renforcer davantage loin de la contenir ; la meilleure réponse au problème c'est la solution et non la soumission » (L'acceptation de faire face à sa responsabilité sans détour aucun est la voie recommandé à l'individu pour s'épanouir). « Tout ce qui s'écarte de la positivité renforce la difficulté » (La difficulté se renforce partout où nous tenons à l'irréalité en lieu et place de la réalité). « Même si on ne l'aime pas on la vit parce qu'on est vivant parlant de la souffrance car elle existe dans l'impossibilité d'éradiquer toute la difficulté de la vie on ne peut qu'accepter la difficulté dans sa vie » (L'humain ne peut rien contre la difficulté dans sa vie voulant ne pas la vivre à jamais car elle fait partie de cette dernière). « Le prix de la facilité c'est tout simplement la difficulté » (La difficulté est le prix convenable pour l'atteinte de la facilité dans la vie). « Pour le bien de la personnalité il faut tâcher à s'éloigner au mieux de la facilité à ne rien faire pour s'attendre à tout avoir » (La facilité qui s'obtient sur la base de l'illusion nous enlise davantage dans la difficulté, souffrons pour que nous réussissions). « Pareillement à la facilité la difficulté à un temps même si l'on pense souvent qu'elle tarde à arriver à son terme accablé par le poids de la souffrance n'empêche la vie alterne entre le bien et le mal naturellement de même notre attention couplée à la précaution dans la tâche nous permet également de nous stabiliser dans n'importe laquelle situation dans laquelle on vit » (La situation de souffrance ou de jouissance s'alterne dans la vie une bonne maitrise de soi de la part de l'individu lui permet sûrement de tirer son épingle du jeu peu importe le contexte dans lequel il se trouve le plus souvent). « Peu importe la situation restons logique dans la marge étant donné que c'est cela qui est bien recommandé car toute avance acquise sur la réalité est une avance acquise sans la réalité donc un retard qu'on évalue à tort : peu importe le sacrifice qu'il faut opposons nous à ce qui est faux c'est la seule manière de jouir sagement de son opposition » (La réussite certaine de l'opposition humaine recommande de sa part de savoir ceci que l'avantage durable mais difficile est cela qu'on gagne en compagnie de la raison et non pas à son encontre). « La clé de la réussite c'est celle de la difficulté qui demande de s'accomplir au mieux contre la même difficulté pour promouvoir la facilité » (Nous promouvons la facilité partant de de notre accrochement à la solution pouvant contrecarrer la difficulté ce qui n'est pas sans sacrifice d'une part).

LE TRAVAIL ET LE CHOMAGE

« Le travail est la réponse appropriée au chômage » (Le chômage n'a autre réponse adéquate si ce n'est le travail). « La réalité du travail est celle approprié à la réussite de la personnalité du travailleur » (Le travail seul nous permet de prospérer dans la vie). « De bonne guerre dans la vie on se fait travailleur » (Nous nous faisons travailleur de bonne guerre car le travail est utile pour la promotion d'une vie). « Meilleur est le travailleur qui s'éloigne de l'erreur en vue de renforcer sa manière » (L'éloignement du travailleur de l'erreur lui permet bien de prospérer dans sa manière). « A moins qu'on ne se trompe de manière le travailleur n'est pas par derrière » (Le travailleur n'est pas par derrière s'il s'assume bien dans sa fonction). « Le travailleur c'est le cœur ; celui qui se veut travailleur n'est pas sans cœur » (La place du cœur est importante pour la réussite du travail). « On n'appelle pas travailleur celui qui travaille pour tromper plutôt un voleur » (Le travail ne nous rapporte pas suffisamment partout où nous travaillons mal). « Le juste travailleur tient à la juste mesure » (La mesure juste renforce le juste travailleur dans sa manière). « Entre travailleurs l'entente est à parfaire pour se satisfaire dans la manière : la réussite du travail émane de l'union des travailleurs à se fédérer pour prospérer plutôt qu'à se désunir pour détruire ; si la réussite du travailleur n'est pas partagé par le travailleur c'est que la notion du travail n'est pas bien comprise » (Le travail mal compris appelle à la désunion des travailleurs). « Travailleur on est vainqueur » (Le bon travail mène à la belle victoire). « L'honneur est pour le travailleur » (Le travailleur ne manque pas d'honneur au moins s'il sait se prendre en charge). « A chaque travail sa manière, du travail au travail la différence est juste certaine ce qui déduit le fait qu'on est certes capable de faire du travail cependant nous ne sommes pas capables de faire tous les travaux » (L'humain n'est pas capable de faire tout à la fois cependant il peut faire quelque chose dans la vie). « La réussite n'a qu'un secret être concret dans son travail » (Le fait pour l'humain d'être concret dans son travail lui permet de bien le réussir). « Le travail est une chance pourvu que le travailleur ne manque pas de conscience ; travailleur mieux nous nous retrouvons plus nous progressons » (Le progrès du travail demande l'implication du travailleur dans le temps et l'espace). « L'amour de la vie ne doit nullement pas exclure celui du travail car une vie sans travail est une vie incomplète, mieux nous travaillons plus la vie nous sourit » (La vie sourit à celui qui s'assure en travaillant). « Travailleur qu'on le veuille ou pas on a quelque chose à faire on peut ou ne pas le savoir mais c'est une réalité » (La réalité sur le travail ne nous ment pas dans la mesure où chacun doit travailler dans sa vie). « La venue du travail coïncidant au départ du chômage nous aide à pousser un ouf de soulagement dans la mesure où la présence qui dérange le plus est l'absence qui dérange le moins » (La présence du travail est souhaitée par rapport à celle du chômage pour l'humain nécessiteux pour le travail). « Le travailleur est bien un repère étant autonome il se suffit alors quoi de mieux qu'assurer son indépendance dans l'existence » (L'assurance de l'existence revient de la capacité de l'individu à accepter de travailler au mieux). « S'il n'y a pas de bon jour pour chômer sait qu'il n'y a pas de mauvais jour pour chômer osons et travaillons ensuite assurons nous notre émancipation » (L'individu modèle s'évertue à bien travailler au mieux). « Celui qui n'accepte pas de travailler n'accepte pas de prospérer, au mieux pour s'accomplir il faut mieux s'investir ne fuyons pas le travail pour s'assumer dans la vie, plus qu'une invitation le travail est une convocation » (On est naturellement convoqué par le travail pour réussir dans la vie). « Le travail c'est la connaissance au mieux la connaissance assure la réussite du travailleur sans erreur dans la manière ; opérer d'accord mais s'investir d'abord » (L'investissement cohérent seul nous permet de réussir dans la démarche). « La confiance au travail nous permet de vivre la suffisance dans l'existence » (La suffisance dans l'existence nous conforte à partir du travail que nous faisions). « Acteur on est travailleur, qu'on le veuille ou pas l'humain est travailleur » (Nous sommes travailleurs même si nous pouvons ne pas le vouloir). « Celui qui nous dépasse en travail nous dépasse en espérance »

(Le travail procure espérance et suffisance). « Le travail n'est pas une question de vouloir mieux une exigence du devoir » (L'exigence du devoir c'est l'expression du travail dans la vie). « Ce n'est pas la faute du travail si nous travaillons pour fauter » (Le travail n'a rien à se reprocher mais le travailleur oui par rapport à sa qualité). « Avant qu'on ne nous impose s'agissant du travail on doit s'imposer en avant il importe logiquement pour l'humain éclairé d'accepter de travailler avant qu'on ne nous l'impose par force » (Avoir la conscience pour travailler est mieux qu'on nous l'impose). « Autant on apprend à travailler pareillement on travaille pour apprendre ainsi le travail est un processus continuel qu'on le veuille ou pas » (Le travail est une continuité suffisante le travailleur doit apprendre au mieux). « Il faut travailler à temps quand on n'a pas tout le temps pour travailler » (Nous n'avons pas tout le temps pour travailler ce qui recommande le fait qu'il faut travailler à temps). « Le travail n'est pas sans mérite pour celui qui ne se trompe pas sur quoi faire ; nous gagnons le mérite en acceptant de travailler, le travail identifie logiquement celui qui l'exerce positivement » (Mieux s'accomplir dans la tâche nous permet de la réussir justement). « L'assurance est dans le travail si le chômage nous met en marge de l'essentiel dans la mesure où chômeur nous ne renforçons pas l'intégration sociale » (L'intégration sociale est renforcée dans le travail d'une part). « Ce qui nous empêche de travailler nous empêche de prospérer » (A l'absence du travail nul ne s'accomplit positivement parlant du travail éclairé). « Le travailleur est juste un sauveur une fois travailleur on sauve son honneur » (Le travailleur est celui qui sauve nettement son honneur). « Dans la mesure où on ne travaille pas pour s'en foncer on ne s'exécute pas sans sa tête plutôt avec pour promouvoir sa réussite dans la vie, la grandeur du travail est fonction de la candeur du travailleur » (Le travailleur détermine la nature du travail). « Vivre travailleur c'est vivre salutaire : le salut est dans le travail » (Le travail renforce le salut dans la vie).

LA CHANCE ET LA MALCHANCE

« La chance ne s'éloigne pas de la prudence pour celui qui a sa conscience ; si la chance est une réalité cependant il ne faut pas s'opposer à la réalité de la chance ce qui déduit le fait que pour s'épanouir dans la vie il importe pour l'humain consciencieux de promouvoir sa chance en vue d'endiguer la malchance » (La chance nous la cultivons pour nous épanouir dans la vie). « La chance ; la puissance, la suffisance tout comme l'importance rien ne manque au bon sens raison pour laquelle sans conteste : le bon sens est le sens par excellence » (Voulant de la chance on doit s'ouvrir au bon sens). « L'ignorance est la chance de toutes les malchances quand l'ignorance nous sourit c'est pour après nous nuire » (L'ignorance n'est pas une chance pour celui qui ne se trompe pas de chance). « La chance n'est pas dans l'absence, la présence d'accord, plus qu'une vaine parole la chance s'exécute dans le travail » (Nous accomplissons la tâche à travers le travail que nous menions). « Nous n'attendons pas la chance pour être chanceux dans son attente ainsi nous l'opérons pour qu'elle puisse bien nous profiter ; nullement l'inactivité ne fait pas la réussite voulant de la chance nous devons opérer à sa victoire » (La croyance de la chance ne se limite seulement pas à l'attente et la confiance démesurée de l'humain mais plutôt son engagement à servir comme la lui recommande la chance dans la vie). « La différence est une chance si toutefois elle s'accomplit dans le bon sens » (S'accomplissant dans le bon sens la chance renforce la suffisance humaine partant de la différence). « La chance n'est pas sans importance quand on la situe dans le bon sens : bien pensée la chance promet la réussite humaine ! » (La chance reste dans la direction exclusive du bon sens). « Le désaccord avec le bon sens s'exécute avec l'opposition avec la chance » (Le désaccord avec le bon sens conduit à la malchance). « Le propre de la malchance c'est l'ignorance ni plus ni moins » (La malchance est dans l'inconscience de la conduite). « On est chanceux face aux enjeux quand on se fait éclairé » (Face à l'enjeu nous sommes chanceux dans la mesure où nous raisonnons). « Celui qui s'arrange dans l'ignorance s'arrange pour sa nuisance, la chance mal pensée n'a d'égale que la malchance » (La malchance est la chance mal pensée). « La chance c'est la guidance ; bonne est la guidance certaine est la chance » (La chance certaine émane de la guidance cohérente de l'humain dans l'existence). « La réponse appropriée à la malchance c'est la chance ni plus ni moins » (La chance certaine est la réponse appropriée à la malchance). « La malchance n'empêche pas qu'on pense plutôt qu'on avance » (La chance n'est pas l'égale de la malchance). « La chance c'est la confiance ; celui qui mesure bien sa confiance mesure bien sa chance, la droiture est l'ouverture pour la chance » (La chance est dans l'ouverture de la droiture). « La chance est élégance en la présence de la conscience » (La présence de la conscience détermine l'élégance de la chance dans l'existence). « Partout où la chance s'éloigne de l'avantage, la malchance nous guide en suffisance, quand la chance ne nous profite pas c'est qu'on se trompe la concernant sinon la chance ne nous trompe pas dument pensée partant du bon sens dans l'existence » (Le bon sens dans l'existence nous permet de renforcer notre chance existentielle). « La chance n'est pas ce qu'on pense si ce qu'on pense ne s'oppose pas à la malchance » (La chance certaine s'oppose à la malchance). « Ce n'est pas mal d'avoir la chance par contre se faire avoir par la malchance oui » (La chance est rentable par contre la malchance non ainsi il faut la fuir). « L'assurance n'est pas dans la malchance raison pour laquelle l'ignorance ne nous assure jamais » (L'ignorance ne nous assure pas partant de la malchance qu'elle incarne). « Ce n'est pas la faute à la malchance si la chance existe vice-versa plutôt l'humain doit sagement s'évertuer à réussir dans sa démarche » (Réussir dans sa démarche recommande à l'humain de s'épanouir en toute lucidité). « La chance est l'effort du courage et non pas le courage contre l'effort » (Il est toujours préférable d'avoir la chance à travers un engagement constructif). « La malchance maintient par derrière car étant le produit de l'erreur elle nous fait la guerre au lieu de nous aider à faire notre guerre » (Une chose est sûre il est utile de s'éloigner constamment de la nuisance, de l'ignorance pour renforcer le bon sens dans la vie). « Pour avoir la chance il faut s'évertuer à la savoir au mieux » (La connaissance certaine renforce la chance existentielle). « La chance n'a autre sens que le bon sens comme référence » (Le bon sens comme référence est la chance certaine dans l'existence). « A jamais l'avantage est dans la chance, mieux pensée la chance assure l'avancée partant de l'importance dans l'existence » (L'importance du bon sens fait la part des choses dans l'existence). « La vérité sur la chance est que la chance est une réalité pareillement pour la malchance, de la chance à la malchance l'apport de l'humain est déterminant dans l'accession à l'un ou l'autre état » (Pour accéder à la chance ou à la malchance notre apport est toujours déterminant dans son orientation). « Partout où l'on s'exige le bon sens on s'exige la chance ; durable la chance a une dimension raisonnable » (La raison est l'assise de la chance). « La chance s'oppose à la démesure voilà pourquoi elle est une barrière contre la malchance ; autant la chance n'est pas sans enjeu à moins qu'elle ne soit dangereuse pareillement la malchance n'est pas sans enjeux à l'égard de la chance à moins qu'elle soit mal pensée » (La malchance et la chance s'opposent clairement). « Celui qui ne se trompe pas de vie se comble dans sa chance » (Une vie bien pensée mène à une chance certainement solide). « L'ignorance engendre la dépendance plutôt que la chance qui mène à l'indépendance celui qui souhaite vivre la suffisance, la chance avec s'accomplit dument à l'encontre de l'ignorance et non pas avec » (La compréhension certaine du fait que la connaissance s'oppose à l'ignorance est utile dans la vie pour dissocier la chance de la malchance). « Malchance est ce qui nous empêche de ne pas s'empêcher de l'ignorance » (La malchance nous encourage à encourager l'ignorance » (L'ignorance est le sens qui nous demande de s'opposer au bon sens tout simplement pour ne pas être à l'abri de la nuisance).

L'EXPERIENCE ET L'INEXPERIENCE

« Sans expérience est aussi sans exigence dans la mesure où l'expérience découle de l'exigence ; sachons quoi s'exiger pour bien retenir et puis s'en servir de connaissances dûments apprises » (L'expérience en tout et pour tout recommande la sagesse de la part de l'humain). « L'expérience c'est la référence » (Là où il n'y a pas d'expérience il n'y a également pas de référence). « L'expérience ne s'acquière pas sans exigence certaine si nous la voulons sincère » (Pour que l'expérience nous rassure il faut s'assurer pour l'atteindre). « Sans expérience est en sans assurance, peu importe le degré d'expérience auquel nous tenons il faut tenir à une expérience pour pouvoir s'en sortir avec cohérence le plus souvent » (Nous nous retrouvons à travers l'expérience si nous nous cultivons bien). « L'expérience en l'évidence ne dément pas la confiance dans l'existence : sans confiance l'expérience n'est rien » (L'expérience n'a autre assise solide qui s'éloigne de la marque de l'évidence). « L'ignorance est l'expérience de tous les dangers » (L'expérience de tous les dangers émane de l'ignorance dans la pratique humaine). « Celui qui n'est expérimenté en rien est le même qui prend l'expérience comme rien » (L'expérience est un atout pour celui qui la pense sagement). « D'existence en existence nous vivons d'expérience en expérience » (Le cadre de l'existence détermine celui de l'expérience humaine). « Le bien éclairé est bien expérimenté » (Bien éclairé nous sommes justes expérimentés). « On n'abuse pas de l'expérience si on n'est pas expérimenté par l'abus » (L'humain expérimenté par l'abus peut abuser dans l'expérience). « L'expérience est sans incidence pour celui qui la pense dans le bon sens ; ce n'est pas le propre de l'expérience de causer du tort pour celui qui ne la pense pas à tort » (Bien pensée l'expérience bien pensée renforce l'individu dans l'existence globale). « En rien l'expérience ne contraste avec l'intelligence pour qu'elle génère la suffisance dans la mesure où c'est seulement bien pensé que l'expérience assure l'avancée » (L'expérience certaine renforce l'avancée humaine dans le temps et l'espace). « Le bien expérimenté est bien orienté » (L'éclaircissement dans l'expérience est pareil à celui de l'orientation humaine). « Nul n'est assez expérimenté et préparé pour ne pas être dépassé par la mort » (L'humain ne peut pas se prémunir contre la mort). « L'expérience est fortement technique pour celui qui sait bien l'appropriée, mieux nous apprenons bien nous nous expérimentons » (La bonne expérience recommande notre implication constante à renforcer notre intelligence dans le temps et l'expérience). « Celui qui fuit l'intelligence s'expérimente dans l'inintelligence » (L'inintelligence est l'expérience qu'on se réserve dès lors que nous fuyons la réalité de la connaissance). « L'expérience n'a autre réalité qui s'oppose à la réalité » (La réalité seule s'impose comme expérience dans l'existence). « Les grandes expériences recommandent les grandes exigences » (L'exigence certaine fait l'expérience grandiose). « Même expérimenté on peut rater » (L'expérience n'exclut pas l'échec). « Contre l'inexpérience rien ne vaut l'exigence mieux l'évidence » (L'évidence seule renforce l'humain face au défi de l'inexpérience). « Sans expérience manque fortement de défense, moins nous nous expérimentons moins nous défendons » (Moins d'expérience c'est aussi moins de défense). « Même expérimenté on est souvent hanté : aucunement l'expérience n'est une preuve exclusive contre le souci » (L'expérience ne peut pas promouvoir la réussite de celui qui est à l'écart de l'essentiel expérimentale). « L'expérience est une chance partout où elle concorde avec le bon sens » (L'expérience confortable est toujours raisonnable). « Nous ne combattons pas l'expérience mieux nous nous expérimentons pour combattre si l'expérience est richesse et sagesse logiquement qu'elle demeure un soutien certain pour mener à bien nos aventures guerrières » (La réussite de nos aventures guerrières émane de notre implication effective à réussir). « En aucune manière l'expérience de la vie ne saurait s'opposer à la vie de l'expérience pour le support de l'acteur » (L'expérience de la vie s'accommoder avec la vie de l'expérience pour promouvoir la maitrise de l'individu). « Nourrit à l'encontre de l'évidence l'expérience nous sourit en déchéance » (L'insuffisance est le propre de toute expérience que nous concevions à l'encontre du bon sens). « L'expérience c'est aussi et encore la persévérance dans l'existence de la référence à la référence si la différence est une réalité c'est que l'expérience ne nous offre pas la même réalité ainsi il nous revient la tâche lourde de bien s'attendre à l'imprévu pour ne pas être dépassé dans son espérance » (L'espérance utile prépare l'individu à s'attendre à toutes les éventualités pour réussir à capitaliser son effort ouvrier). « L'expérience est assistance » (Dans l'expérience nous avons de l'assistance). « Celui qui croit à l'existence croit à l'expérience avec » (L'expérience est existentielle ; donc d'une part et sous un certain angle l'existence détermine l'expérience). « L'évidence est l'expérience de tous les temps en tout et pour tout seule l'évidence est suffisance dans l'expérience » (Tirant de l'expérience de l'évidence nous ne sommes pas négativement déçus si nous la déterminons en sa juste valeur). « L'excellence n'est pas sans expérience ainsi l'évidence est le maillon de la suffisance dans l'expérience » (La combinaison de l'évidence ; de l'exigence et de l'évidence soutien la culture de l'excellence humaine). « Plus que la croyance et la confiance l'expérience également c'est la méfiance ; plus l'expérience va en crescendo mieux elle nous sourit en suffisance » (Le raffermissement de l'expérience humaine demande également à ce que l'humain puisse bien s'exécuter dans le renforcement de son expérience). « L'expérience qui ne s'oppose à aucun danger est celle de tous les dangers ; si l'expérience n'est pas sans enjeu cependant l'expérience ne doit pas être dépassé par l'enjeu pour qu'elle soit efficace » (L'expérience efficace tient justement face aux défis de l'existence dans la mesure du possible).

LA PATIENCE ET L'IMPATIENCE

« Avec décence la patience est la racine de la suffisance ; mieux l'on persévère sachant qu'on est clair justement on excelle » (La patience accompagne l'excellence). « C'est connaitre mal la patience que de ne pas l'admettre dans son existence » (La patience est nécessaire, une fois pensée comme il le faut pour l'aboutissement de la vie humaine). « Juste évident le patient est devant ; partant de la patience dans l'évidence on s'assure la suffisance dans l'existence » (L'humain qui sait bien se patienter ne se patiente pas pour rien). « Moins l'on patiente moins l'on s'invente, la connaissance ne se passe pas de la patience » (La patience assiste la connaissance dans son épanouissement). « Celui qui ne sait pas patienter ne sait pas s'arranger, dans la patience nous accédons à la suffisance, bien requise la patience profite » (La patience profite une fois bien requise dans le temps et l'espace). « La patience n'est pas sans importance pour celui qui tient à sa conscience » (L'importance de la patience assure en toute nécessité avec bon sens). « Bien évident le patient n'est pas perdant » (Conscient le patient n'est nullement pas perdant une fois évident dans sa marge). « Celui qui sait patienter sait bien se comporter malgré qu'elle ne soit pas facile à suivre la patience rassure comme référence nous permettant aisément de se retenir sans se faire retenir : agir d'accord mais attendre d'abord pour réfléchir son sort » (La patience nous recommande la largesse spirituelle pour le renforcement de notre cadre de vie). « Quand la vie nous importe la patience nous conforte avec car sachant comment se comporter nous nous renforçons avec insistance et assistance dans le temps et l'espace » (L'importance de la vie fait en sorte que nous nous émancipions dans la vie). « Dans la mesure où l'existence n'est pas sans importance c'est bien sûr avec la patience à l'appui, ne manquant pas de patience la connaissance renforce l'existence dans sa référence » (L'existence dans sa globalité fonctionne avec la sagesse de la patience pour qu'elle nous réussisse). « La patience s'impose au vivant pour qu'il puisse s'imposer dans l'existence, mieux l'on s'ouvre à la connaissance plus on gagne de l'aisance juste on s'assume en cohérence » (La cohérence est dans la direction de l'individu patient, sagement engagé). « Quand la patience nous fait mal une fois couronnée de bon sens c'est pour ne pas se faire mal, malin on s'attelle à se faire du mal pour ne pas se faire du mal sachant logiquement que tout d'utile est difficile » (La patience dans son exécution recommande l'esprit positif de sacrifice de la part de l'humain). « La perte de la patience engendre la patience de la perte » (La patience de la perte est générée par la perte de la patience). « La patience mal pensée n'a d'égale que l'impatience » (L'impatience découle de la patience pensée à l'envers). « Quand c'est patient et important c'est que c'est évident dans la mesure où tout d'évident est suffisant » (La suffisance est l'évidence dans la patience partant du bon sens). « Celui qui fuit la patience ne fuit pas pour se patienter » (La fuite de la patience ne se fait pas pour se patienter). « Pensée comme il faut la patience s'oppose à ce qui est faux s'assumant sans défaut aucun » (La patience certaine ne s'incarne pas dans le défaut plutôt à son encontre). « L'impatience est le nid de la souffrance une fois agrémentée par l'ignorance l'impatience est insuffisance dans le sens » (L'insuffisance renforce l'impatience dans la vie partant du sceau de l'ignorance). « C'est gagnant d'être patient » (La patience favorise le gain certain). « Autant on n'arrange rien sans connaissance ni ne dérange rien sans ignorance pareillement on n'accède pas à la suffisance sans accepter la patience » (La patience durable est l'essence de la réussite raisonnable). « La patience est une expérience qui arrive toujours à bout de l'inexpérience de l'impatience, quand la patience ne nous permet pas de vaincre l'impatience c'est que nous nous trompons d'impatience sans le savoir » (L'impatience ne s'accomplit pas dans la patience vice-versa). « On est patient que pour soi-même pareillement on est impatient que contre soi-même » (L'humain n'a autre que deux choix, soit être patient à son profit ou être impatient à son détriment). « Ce qui se vit sagement se vit patiemment » (La patience n'est pas sans aisance dans l'existence). « L'avance est dans la patience pour celui qui ne se trompe pas de sens » (Le sens de l'avance est justement certain dans la vie). « La connaissance puis l'adoption de la patience détermine la cohérence dans l'existence mieux nous assimilons la patience et nous nous l'approprions sagement nous réussissons » (La tâche de la patience est déterminante dans le cadre du rehaussement du taux de réussite humaine car elle est inclue dans le bon sens).

LA COMPETENCE ET L'INCOMPETENCE

« La compétence est exigence dans le sens produit du bon sens conduisant à l'excellence nous n'acquérons pas la compétence à partir de rien plutôt en bien s'assumant » (L'individu qui s'assume bien profite bien du produit de sa compétence). « Le compétent est indépendant partant de l'intelligence » (La compétence s'appuyant sur l'intelligence renforce l'existence humaine de long en large). « L'importance de la compétence n'est autre qu'elle canalise l'incompétence gage de nuisance pour l'existence mieux l'on maitrise moins l'on s'enlise » (La compétence équilibre l'existence humaine). « La compétence mal pensée n'a d'égale que l'incompétence » (L'incompétence traduit la compétence mal pensée). « Le travail assidu procure la compétence soutenue ; le sérieux dans le travail engendre l'éveil de la manière tout en renforçant l'expérience du travailleur puis la maitrise de la discipline dans la logique salutaire contre la lacune » (Le travail réussi renforce la compétence du travailleur en tout et pour tout). « Celui qui manque de compétence, manque de suffisance avec » (La compétence renforce la suffisance dans l'espérance). « La compétence n'a autre sens qui ne saurait s'opposer au bon sens » (Le bon sens seul suffit comme compétence). « La compétence n'est pas ce qu'on pense si ce qu'on pense s'oppose au bon sens » (La compétence ne s'oppose nullement pas au bon sens dans l'existence). « L'ignorance en trop c'est l'incompétence en trop » (L'ignorance en trop n'engendre que l'incompétence en trop). « La compétence par excellence est sans nul doute la compétence de l'évidence » (La compétence de l'évidence est celle de l'excellence). « Il faut juste combattre pour exceller ainsi la compétence n'est pas sans diligence dans l'existence » (La diligence dans l'existence nous rassure en toute importance). « La compétence c'est la connaissance » (La connaissance favorise la compétence dans l'existence). « La compétence n'a autre conséquence différente de l'intelligence dans l'existence, le sens de la compétence c'est le bon sens comme référence la référence du bon sens détermine le sens de l'intelligence » (L'intelligence est la convenance de la compétence accrue). « Quand l'intelligence ne nous dit rien, la compétence pareillement ne nous dit rien car là où demeure l'intelligence demeure la compétence avec partant de la marque de l'intelligence » (L'intelligence est l'assise certaine de la compétence). « Compétent on est important » (Le compétent est important par rapport à sa maitrise). « Le compétent est combattant » (La compétence recommande l'engagement guerrier de l'humain). « Le non-sens est incompétence dans le sens, autre que bon sens est incompétence dans le sens » (L'incompétence dans le sens émane du bon sens dans l'existence). « La compétence appelle à la concurrence pour la suffisance » (La compétence n'est pas sans suffisance dans l'espérance). « Qui parle de compétence parle de puissance certainement de compétence avec si nous ne nous sacrifions pas pour rien certainement vivre la puissance c'est profiter de son existence ; si toutefois la connaissance ne nous profite pas et qu'elle est pareille à l'incompétence alors à quoi bon se sacrifier pour l'avoir ? » (La compétence c'est l'importance comparée à l'incompétence). « Plus que la parole la compétence c'est le rôle » (Le rôle de la compétence c'est s'assumer dans la vie convenablement). « Venant de l'évident le compétent est important » (La compétence est importance dans l'existence). « La compétence qui s'écarte de la raison ne s'écarte pas avec raison mieux pensée la compétence procure de l'aisance et non pas le contraire » (La compétence éclairée renforce l'existence humaine dans sa manière en ce sens n'est pas raisonnable la compétence qui s'éloigne du bon sens). « Sans importance n'a point de compétence » (L'importance se juge au mieux à partir de la compétence). « Partout où l'ignorance n'a pas raison l'incompétence ne saurait avoir raison » (Partout ce qui nous arrange nous renforce l'incompétence ne saurait nullement pas être l'égale de la compétence). « La compétence est défense dans le sens celui qui s'éloigne du bon sens s'éloigne de la connaissance avec » (La connaissance n'est pas sans décence dans la manière si nous la pensons bien). « La compétence se renforce au fur à mesure que nous vivions, dans la vie s'il n'y a pas de mauvais jour pour vivre compétent c'est qu'il n'y a pas de bon jour pour vivre incompétent on se cultive puis s'enrichit en vue de réussir » (La réussite nous l'acquérons à partir de notre engagement à réussir certainement dans la vie). « Plus la connaissance nous importe mieux la compétence nous conforte si le ciment de la compétence est la connaissance vivons en toute décence » (La vie dans la compétence, c'est la connaissance dans la manière). « La compétence est aisance raison pour laquelle elle n'est pas sans suffisance dans l'espérance nous trouvons notre compte partout où nous raisonnons ainsi la compétence n'est autre que la gérance dans le sens » (La compétence est cohérence dans le sens). « La compétence c'est la dépense pour celui qui s'assume aisément : point de bénéfice sans sacrifice » (La compétence c'est le sacrifice dans la mesure). « La compétence n'arrange pas celui qui ne s'arrange pas dans la mesure où mal pensée elle n'assure nullement pas l'avancée humaine » (L'avancée humaine ce n'est pas la compétence qui la compromet si nous la situons bien). « La pertinence dans la compétence c'est l'excellence dans la connaissance : le compétent est évident » (Le compétent est évident dans la vie). « Plus que la chance la compétence recommande de la souffrance dans l'existence » (La compétence s'assume avec le sacrifice dans l'existence). « La compétence est éminence dans la référence » (La connaissance en rien ne s'oppose à l'éminence dans la référence car c'est bien consistant que nous sommes compétents). « L'incompétence nous demande de ne rien faire pour s'en faire en tout si la compétence n'a autre socle différent de la connaissance cependant l'incompétence s'appuie sur l'ignorance »

(L'insouciance fait l'incompétence en général contrairement à la compétence basée sur le grand mérite).

LA COHERENCE ET L'INCOHERENCE

« Mieux que le sens la cohérence est bon sens dans le sens, exclusivement le sens ne fait pas la cohérence mieux le bon sens d'accord » (Il faut le concours du bon sens pour qu'il y ait la cohérence dans le sens). « L'importance de la cohérence ne s'oppose pas à la cohérence de l'importance en rien le bon sens ne s'oppose pas à l'évidence comme référence sachant logiquement que l'évidence n'est autre que bon sens : partout où c'est cohérent c'est évident » (L'évidence forge la cohérence dans la donne). « Celui qui ne se soucie pas de la cohérence ne se soucie pas de son existence » (La suffisance dans l'existence nous appelle à se soucier dans la cohérence). « La cohérence est abondance dans le sens » (La cohérence sourit en suffisance au juste). « Mieux c'est cohérent plus c'est conquérant » (Le cohérent est bien conquérant). « La cohérence est défense dans l'existence celui qui se défend bien sans nul doute se défend avec cohérence » (La cohérence est abondance dans le sens ne pas le savoir c'est ne rien savoir). « Plus de compétence c'est plus de cohérence » (La compétence émane de la cohérence dans le sens). « C'est parce qu'elle s'exclut de la cohérence que l'ignorance n'a pas d'assurance » (L'ignorance s'éloigne de toute assurance s'excluant du coup de la cohérence). « Ignorant si l'on n'est pas convaincant c'est parce qu'on n'est pas cohérent » (Le handicap est dans l'incohérence). « La confiance est une chose la cohérence en est une autre, la méfiance est une chose l'incohérence en est une autre raison pour laquelle outre que le sens l'existence c'est la référence pour manifester sa présence ou son absence » (L'existence recommande outre que le sens la présence de l'individu en terme d'orientation à l'endroit de la raison ou de l'illusion ce qui détermine les profits de sa vie négatifs ou positifs qu'ils soient).

« Celui qui n'accorde pas de la confiance à la cohérence ne l'accorde pas à son existence car toute existence réussie est justement la mayonnaise entre une confiance épanouie à une à une cohérence réussie ». (La connaissance est une assise certaine pour le développement humain). « Quand on emprunte le droit chemin nous récolterons la juste conséquence ce qui n'est autre que la convenance pour l'existence » (La convenance pour l'existence recommande d'emprunter le droit chemin pour réussir sa vie). « Dans la cohérence nous gagnons de l'indépendance car il n'y a pas de liberté sans clarté » (La liberté c'est la clarté, l'indépendance c'est la cohérence). « La cohérence mal pensée n'a d'égale que l'incohérence » (L'incohérence est d'une part le produit d'une cohérence mal pensée). « Plus c'est cohérent mieux c'est résistant » (La résistance est dans le sens évident). « Si les bonnes causes se défendent d'elles-mêmes c'est parce qu'elles suivent la cohérence comme référence qu'on se batte ou pas pour l'évidence tôt ou tard elle finira par s'imposer dans l'existence qu'on le veuille ou pas car elle se suffit à elle-même » (La cohérence n'a point d'insuffisance nous l'adoptons pour notre propre profit sinon elle se suffit à elle-même). « L'imprudent est incohérent » (Dans l'imprudence nous développons l'incohérence de même). « La vérité sur la cohérence est que la cohérence n'est que bon sens » (La cohérence en tout et pour tout tient à la marque du bon sens). « Sans cohérence est sans défense dans l'existence » (L'absence de défense est celle de cohérence dans l'existence). « Autant on ne s'assure pas contre le bon sens plutôt avec autant on ne s'assure qu'avec la cohérence car la cohérence est bon sens » (L'assurance certaine est intelligente, cohérente dans la manière). « La cohérence c'est l'importance en toute convenance pour vivement se prémunir de l'insouciance » (La cohérence ouvre la voie à l'importance lorsque nous souhaitons réussir nos démarches intellectuelles). « C'est se tromper sur la cohérence que de penser que la cohérence nous trompe » (La cohérence ne nous trompe pas plutôt nous pouvons nous tromper la concernant). « Tout ce qui concerne l'évidence concerne la cohérence avec » (La cohérence est le produit de l'évidence ainsi la liaison est bien réelle pour opposer l'une à l'autre). « Si la cohérence est une chance c'est parce qu'elle s'oppose à l'incohérence pareillement si la connaissance est une chance c'est parce qu'elle s'oppose à l'ignorance » (La différence entre la cohérence et l'incohérence atteste mieux la suffisance de la première et l'insuffisance de la seconde). « Ce qui nous oblige la cohérence n'est nullement pas différent de ce qu'on s'oblige pour atteindre la suffisance » (La cohérence recommande le bon sens pour cheminer à la suffisance). « La cohérence ne détruit rien de bien construit ; ce que défait la vérité n'était pas bien fait au juste » (La cohérence a pour vocation de générer la suffisance et non l'insuffisance).

LA CONFIANCE ET LA MEFIANCE

« Bien sûr qu'il se fera avoir dans sa confiance celui qui ne sait pas à quoi ni à qui faire confiance : croire d'accord mais savoir d'abord » (La connaissance éclairée appuie la confiance dans sa suffisance). « Celui qui n'a pas connaissance de la confiance n'a pas confiance à la connaissance » (Dans l'ignorance de la confiance nous ne pouvons pas faire confiance à la connaissance). « Pour réussir sa confiance il ne faut pas faire confiance à autre que ce qui est sûr » (La sûreté dans la confiance ne se fait pas à l'encontre du principe de la raison). « La confiance a toujours raison partout où elle ne se nourrit pas à l'encontre de la raison » (La raison certaine nourrit l'espoir de la réussite humaine). « C'est seulement sans non-sens que la confiance produise de la suffisance : dans l'existence celui qui se fie autre qu'à l'inconscience se fie pour sa suffisance » (La suffisance dans la confiance émane de la pertinence dans l'existence). « L'assise de la confiance est le souhait du plus pour le bon sens mieux l'on cultive en soi le bon sens plus on accroit en soi le choix de l'espérance positive » (L'espérance positive émane d'une application éclairée de l'humain à asseoir en soi la consigne du bon sens).

« On peut se tromper de confiance cependant on ne peut pas tromper la confiance » (L'humain ne peut pas tromper la confiance n'empêche qu'il peut se tromper de confiance). « Partout où la confiance ne nous dit rien c'est que l'existence ne nous dit rien pareillement pour la méfiance : à cheval entre le doute et l'optimisme se décide les vrais enjeux de la vie l'essentiel pour profiter de l'une et l'autre valeur est de tenir à la consigne de la raison » (N'ignorant pas comment raisonner nous profitons largement de notre optimisme idem pour notre doute). « Nous ne faisons pas confiance au bien pour le bien de la confiance mais plutôt pour le nôtre car à la croire ou pas la raison reste la même ainsi le bien se suffit largement au contraire c'est l'humain sujet à l'erreur qui nécessite son concours en guise de secours » (Nous nous faisons bien dans la confiance pour notre bonheur et non pas pour le bonheur de la confiance). « Non-sens est la confiance qui se mesure dans la démesure celui qui croit à autre que droiture s'en tire sûrement avec de la blessure » (Nous nous en tirons partout avec une blessure partout où nous n'estimons pas la confiance en sa juste valeur). « C'est parce qu'il ne faut pas se fier n'importe comment raison pour laquelle celui qui se fie à n'importe quoi se fie à son détriment » (La confiance doit de la lucidité dans son orientation pour qu'elle nous rassure). « Partout où la confiance n'est pas sans importance l'importance s'oppose largement au non-sens » (L'importance ordonnée s'oppose au non-sens en vue de renforcer la suffisance dans l'existence). « La confiance n'est pas ce qu'on pense si ce qu'on pense s'oppose au bon sens : autre que bon sens est manquement dans la confiance ; la confiance d'accord mais la raison d'abord » (La raison certaine précède toute confiance cohérente). « On ne se confie pas n'importe comment pour gagner plus dans sa confiance » (Nous ne profitons pas mieux de notre confiance là où nous ne la cultivons pas mieux à partir de la raison certaine). « Autant la méfiance débouche sur la confiance autant la confiance débouche sur la méfiance » (La confiance et la méfiance peuvent déboucher l'une sur l'autre). « C'est seulement mal pensée que la confiance entrave l'avancée : plus l'on fait confiance plus l'on baisse sa garde finalement on se retrouvera dans la désillusion si toutefois la confiance était mal pensée » (Là où la confiance nous rassure c'est qu'elle se pense avec droiture). « La confiance n'exclut pas la méfiance si nous la portons à un humain imparfait » (La confiance n'exclut pas la méfiance s'il faut prendre ses précautions face à un humain imparfait). « Celui qui n'abandonne pas le bon sens se renforce dans la confiance » (Nous nous renforçons dans le bon sens partout où nous ne faisons pas confiance à l'illusion). « La confiance ne ment pas à celui qui la veut évidente ; bien pensée la confiance assure exclusivement l'avancée » (L'avancée de la vie tient à la confiance certaine). « La confiance à ne pas finir est celle qui finira par nuire si nous nous fions à ce qui peut nous détruire : pour ne pas être limité dans sa confiance sachons où limiter sa confiance » (N'ignorant pas où limiter sa confiance nous serons limités dans notre confiance). « Avant de faire confiance connaissons là d'abord » (La connaissance ne renforce pas celui qui ne l'admet pas comme directive). « La confiance a toujours été une méfiance pour la méfiance vice-versa » (La confiance et la méfiance s'opposent réciproquement). « C'est mal connaitre le mal que de lui faire confiance » (Nous faisons confiance à tort partout où nous nous fions au mal). « Celui qui ne se situe pas sur la confiance la pense en rien alors que non certaine la confiance reste vaine » (La lacune de la confiance fait qu'elle soit vaine dans sa façon). « La méfiance par bon sens et non pas contre le bon sens est la méfiance par excellence » (L'excellence dans la méfiance est la méfiance positive et non négative). « La grandeur de la confiance c'est la lumière comme référence s'attachant à la lumière la confiance assure la suffisance : outre que le sens la confiance c'est le bon sens pour assurer la suffisance dans l'existence » (La suffisance dans l'existence émane de l'orientation de la confiance humaine d'une part). « La confiance qui se nourrit contre la raison détruit la réflexion ne vous limitez pas à espérer pour que l'espérance vous soit utile mieux éclairez-vous » (L'important pour l'humain est d'accepter de marcher avec les conditions de la raison). « On n'abandonne pas la confiance qui nous donne de la suffisance dans l'existence une fois bien pensée la confiance est à entretenir puisqu'elle ne fait pas nuire » (La connaissance nous renforce dans le cadre de l'orientation et de la conception de la confiance). « Ne faites confiance qu'au bon sens ainsi vous fêterez pleinement votre confiance » (La confiance exclusive au bon sens nous aide pleinement dans la vie). « Contre la méfiance il faut la confiance pas n'importe comment plutôt à l'encontre du déraisonnement c'est seulement éclairée que la confiance mène à l'ascendance nous ne tirons logiquement pas profit d'une confiance perdue » (Il revient de faire la confiance au bon sens pour qu'elle nous renforce avec cohérence). « La confiance se résout dans le bon sens » (Le mérite de la confiance renforce l'existence de l'humain). « La réalité de la confiance est qu'il ne faut pas faire confiance à toutes les réalités pareillement la réalité de la méfiance est qu'il ne faut pas faire confiance à toutes les confiances plutôt en avant placer la raison pour réussir d'abord » (Nous réussissons en s'appliquant positivement pour réussir notre confiance dans le temps et l'espace). « Evident et confiant on s'en sort gagnant » (Le confiant évident réussit dans sa démarche). « Une confiance perdue est l'émanation d'une confiance perdue on en retire sa confiance qu'après l'avoir accordée » (Mal pensée nous retirons notre confiance après l'avoir accordé). « Outre qu'espérer la confiance fait exiger raison pour laquelle il faut s'éclairer d'abord pour faire confiance ensuite » (Nous ne tirons pas profit d'une confiance tordue).

LA BONTE ET LA MECHANCETE

« De la différence entre le mal et le bien découle la méchanceté et la bonté ce qui traduit le fait que le bon n'est pas mauvais pareillement le mauvais n'est pas bon, on est bon que pour soi également on est mauvais que contre soi » (La bonté et la méchanceté de l'individu émanent de l'orientation de son caractère dans le temps et l'espace). « La bonne cause n'appelle pas à l'ignorance de la raison » (Nous n'ignorons pas la raison partant de l'appui de la cause lucide). « La méchanceté n'a autre cause que celle qui n'est pas à entretenir comme cause : n'ayons pas comme cause la cause du mal sinon on s'oublie dans le compte » (L'acceptation par l'individu de servir une mauvaise cause fait en sorte qu'il se desserve). « Le méchant est perdant dans la mesure où il est ignorant » (La méchanceté ne nous donne rien d'utile quand elle s'oppose à l'utile). « Celui qui soutient le mal est méchant dans son soutient » (La méchanceté dans le soutien revient à soutenir le méchant dans ses actions). « Ce qui n'est pas méchant c'est ce qui ne rend pas perdant » (La méchanceté ne rend pas perdant l'individu éclairé). « Outre la clarté la fermeté est l'essence de la bonté » (La fermeté est l'assise de la bonté en association avec la clarté). « Bien acté la clarté chemine sur la bonté » (La clarté concorde logiquement avec la bonté comme donne). « Tout comme la méchanceté la bonté c'est la portée, ratée ou réussie la portée détermine la personnalité » (La portée de la personnalité est synonyme de bonté ou de méchanceté). « Tout de méchant est perdant et rabaissant » (La méchanceté rabaisse tout en faisant perdre l'humain). « Impossible de lutter contre la méchanceté en luttant pour la méchanceté en rien l'erreur ne résout l'erreur » (La solution à la méchanceté est un appelle à la conscience de réussite collective humaine). « La méchanceté appelle à fauter » (La faute est l'effort du méchant). « Pour bien profiter de notre engagement, engageons-nous contre le mal plutôt que de s'engager mal car loin de nous servir un engagement mal pensé ne peut que nous desservir » (La lucidité dans l'orientation de l'engagement humain est utile pour le renforcement de capacité humaine). « L'injustice est le creuset de la méchanceté s'il y a une chose qui propage la méchanceté entre les humains c'est l'injustice dans la relation sociale mieux nos sociétés se feront justes moins la méchanceté règnera sur le climat social car plus d'injustice conduit à plus de frustration d'opposition de cœur et nourrit la méchanceté à tout va » (La méchanceté s'appuie sur l'illusion). « Même méchant on est impuissant » (La méchanceté ne fait pas la puissance de l'individu conscient). « Même si la méchanceté n'est pas sans raison cependant la méchanceté n'a pas raison » (La raison de la méchanceté n'est pas une raison fondée même si on l'accorde une raison cela se fait à tort). « Plus l'égoïsme nous tient à cœur plus nous cédons de la place à la méchanceté dans notre vie car l'égoïsme est le reflet de la méchanceté qui se nourrit au fur à mesure qu'il s'ancre à l'individu dans ses habitudes, à travers ses comportements de tous les jours par conséquent pour mieux combattre la méchanceté ne donnons pas place à l'égoïsme dans la mentalité plutôt éradiquons là en s'assurant d'être bon au mieux tout en restant humble de fait » (L'égoïsme nourrit la méchanceté du comportement humain ainsi plus nous nous faisons égoïste moins nous combattons la méchanceté en soi). « La bonté est sacrificielle raison pour laquelle n'est pas bon qui le veut » (La bonté tient au sacrifice pour l'acter ainsi n'est pas bon qui le veut). « Autre que clarté est manquement dans la bonté, la bonté n'a autre spécificité si ce n'est la clarté comme portée ce qui ne savent pas faire don d'eux-mêmes pour la noble cause ne savoure pas au mieux l'importance du bon sens dans l'existence » (Le bon sens nous conforte dans l'existence en sachant logiquement s'ouvrir à sa marge). « Plus c'est bon mieux ça conforte » (La porte est dans la bonté ainsi le bon a l'assise cohérente). « Nul n'est bon à son détriment ce qui implique le fait qu'on est bon pour soi pareillement on est mauvais contre soi : bon ou mauvais l'humain est garant de son sort » (Nous sommes comptables de nos faits bons ou mauvais pourvus qu'on ait la conscience autrement dit qu'on sache distinguer le bien du mal). « La bonté fait l'humanité » (La bonté est l'essence de l'humanité). « Bon on est franc, plus on est bon plus on est franc moins on est bon moins on est franc » (La bonté et la franchise s'accordent ensemble). « Ce qui fait la bonté ne se fait pas contre la bonté » (Tout ce qui appuie la bonté ne s'oppose pas à son évolution). « La bonté ne manque pas d'efficacité dans la mesure où elle s'opère à l'encontre du mal d'efficacité » (S'opérant contre le mal d'efficacité la bonté ne manque pas d'efficacité). « Celui qui se limite à rêver sera limité dans son rêve ; rêver d'accord mais opérer ensuite

» (La bonté dans la réalisation du résultat du rêve s'appuie sur la lucidité dans la mentalité).

L'INTELLIGENCE, L'ININTELLIGENCE

« Celui qui n'aime pas rêver d'une part n'aime pas prospérer : nourrissons de bons rêves ainsi nous connaitrons la bonne progression » (La bonne progression émane d'un calcul intelligent dans la vie). « Innover ne demande pas qu'à opérer mieux à s'éclairer pour explorer » (La nécessité de la raison dans la réussite de l'œuvre scientifique est incontournable). « L'importance de l'intelligence c'est bien l'évidence qui nous la dit : nulle intelligence ne s'assume sans intelligence à l'appui » (L'évidence renforce le cheminement de la suffisance intelligente). « Une fois intelligent on n'a pas la foi contre l'évidence, comme foi tout comme choix seule l'évidence forge l'intelligence » (L'intelligence qui réussit émane logiquement de l'évidence). « C'est bien intelligent qu'on ne s'oppose à l'intelligence en rien » (L'intelligence rassure celui qui la situe avec droiture). « Plus c'est intelligent mieux c'est rassurant » (L'assurance est dans l'intelligence réflexive). « Partout où l'intelligence nous dérange c'est qu'on ne s'arrange pas car pas de bon sens pas de suffisance » (Nous devons accepter l'intelligence pour renforcer sa compétence dans la vie). « C'est logiquement avec intelligence qu'on s'oppose à l'ignorance ainsi s'opposer avec ignorance n'est pas le propre de l'intelligence ce qui déduit fort logiquement que l'intelligence c'est la tête en avant ainsi les pieds en arrière pour une harmonisation judicieuse de l'effort humain » (L'harmonisation judicieuse de l'effort humain demande la tête en avant et les pieds en arrière). « Plus on est intelligent mieux on est conquérant en tout et pour tout seule l'intelligence renforce l'importance dans l'existence » (L'intelligence renforce la cohérence de l'existence de l'humain). « Tout de savant est intelligent pareillement tout d'intelligent est savant » (L'intelligence est l'expression typique de la connaissance dans le sens). « L'intelligence n'est pas ce qu'on pense quand ce qu'on pense s'oppose au bon sens plus que le sens l'intelligence c'est le bon sens ni plus ni moins » (La particularité du bon sens renforce l'intelligence). « S'il n'y a pas de bon jour pour vivre inintelligent c'est qu'il n'y a pas de mauvais jour pour vivre intelligent une fois garant de sa vie évident l'humain doit se forger pour sortir gagnant de défis de la vie » (L'intelligence appelle à l'évidence de l'humain dans la vie). « Le combat pour l'intelligence ne se nourrit pas contre l'intelligence au juste rien d'intelligent ne s'oppose à l'intelligence » (L'intelligence réussit selon l'intelligence). « Ce que l'intelligence nous interdit, c'est ce qu'il faut juste s'interdire pour réussir ; quand la réussite nous empêche de réussir c'est qu'on n'est pas sur la bonne voie pour réussir » (L'intelligence est un calcul qui tombe net si nous le posons bien). « A défaut de l'intelligence nous vivons l'intelligence du défaut » (L'intelligence du défaut est ce qui nous vient à défaut de l'intelligence). « Moins c'est intelligent plus c'est inquiétant » (L'inquiétude revient de l'intelligence). « Certes on peut se tromper d'intelligence cependant on ne peut pas tromper l'intelligence » (L'individu peut se tromper au sujet de l'intelligence sans pour autant qu'il n'arrive à tromper l'intelligence comme sujet). « Rien d'intelligent n'est désolant car l'intelligent en tout et pour tout rend gagnant » (L'intelligence renforce l'esprit de la victoire humaine dans le temps et l'espace). « A défaut de promouvoir l'intelligence nous promouvons l'ignorance à l'encontre de la suffisance celui qui s'oriente à défaut de s'instruire ne pourra que se nuire » (Quand l'investissement est mal pensé il s'accroche à l'essor du mal). « Si ce n'est pas mal d'investir c'est que l'investissement se fait à l'encontre du mal pareillement pour l'instruction qui s'accroche à la précision nous mène à la solution : soignez-vous ainsi rendez-vous intelligents pour vivre gagnants » (Nous vivons gagnants partout où nous nous renforçons intellectuellement). « L'intelligence n'a autre secret qui saurait s'éloigner du sens concret : autre que bon sens est manquement dans l'intelligence » (Toujours c'est partant du bon sens que l'intelligence rassure en toute suffisance). « On est intelligent dans sa maitrise sans pour autant avoir la maitrise de l'intelligence car seule l'intelligence a la maitrise de toutes les intelligences raison pour laquelle aucune intelligence ne manque à l'intelligence pareillement on est connaisseur dans sa maitrise sans pour autant avoir la maitrise de toutes les connaissances » (L'humain intelligent ne détient pas la maitrise de l'intelligence ni de la connaissance par contre il se fait intelligent et connaisseur en s'instruisant). « L'intelligence n'est autre que l'absence du non-sens dans le sens » (L'absence du non-sens dans le sens c'est bien l'intelligence). « Le vrai intelligent ne dément pas l'intelligence de la vérité » (L'intelligence n'est que vérité comme elle se doit la vérité fait l'intelligence dans l'existence). « La connaissance de l'intelligence prouve l'intelligence de la connaissance on ne chemine pas sur l'intelligence en s'accrochant au chemin de l'inintelligence » (Le chemin de l'inintelligence ne mène pas à la suffisance voulue par l'intelligence). « Ce qui ne se fait pas pour l'intelligence se fait contre l'intelligence c'est tout pareillement ce qui ne se fait pas pour l'inintelligence se fait à son encontre » (L'intelligence et l'inintelligence s'opposent formellement dans la logique). « Ce n'est nullement pas en ignorant non plus en errant exclusivement qu'on devienne intelligent mieux en s'instruisant » (L'instruction fait l'intelligent dans sa directive). « L'intelligence n'est qu'ouverture dans la mesure où celui qui la pense autrement bien sûr qu'elle lui pose du désagrément car une solution mal pensée peut-être un problème de plus au lieu d'en être de moins étant ratée » (La positivité est le propre de l'intelligence raison pour laquelle elle suffit comme solution). « Autant on n'attend pas la solution de la part de celui qui ignore le problème autant on n'attend pas l'intelligence de la part de celui qui ne se situe pas sur l'inintelligence ; pour s'attendre à l'intelligence il faudrait qu'il ait un sens dans la capacité de dissocier le bon sens du non-sens » (La différence du non-sens et du bon sens atteste la présence de l'intelligence et l'inintelligence). « Ce qui se pense évidemment garantit sagement car le renfort est dans l'intelligence, la suffisance avec » (L'intelligence renforce l'individu dans sa pensée). « S'il est impossible de cacher l'intelligence à l'intelligence c'est que l'intelligence est le creuset de l'intelligence car partant de sa marque de suffisance elle garantit l'excellence dans la donne » (Nous comptons sur la suffisance de la part de l'intelligence ce qui la renforce en toute lucidité). « Celui qui pense pouvoir tromper l'intelligence se trompe bien sur l'intelligence » (L'erreur est une réalité laquelle est bien saisie par l'intelligence de long en large). « On s'élargit l'horizon de la vie partant du canal de l'intelligence et non pas le contraire quand l'intelligence s'emploie c'est bien contre l'inintelligence » (Le sceau de l'intelligence s'applique contre l'inintelligence dans l'existence). « La démence ne fait pas l'intelligence raison pour laquelle outre que la suffisance on n'attend rien d'autre de l'intelligence au juste dans l'existence » (Seule l'intelligence renforce la suffisance de l'humain dans l'existence). « Ce qui se dirige contre la vérité se pose à l'encontre de la personnalité, bien intelligent on ne fait rien qui va à l'encontre de l'intelligence sinon nous nous compromettons l'existence » (L'intelligence recommande en tout et pour tout de ne rien faire à l'encontre de la connaissance certaine). « La vie qui estime l'avantage à sa juste valeur ne se fait pas contre l'avantage de la valeur ; l'erreur n'est pas la manière de l'avantage qui se sait » (Bien sage nous tirons profit de l'avantage). « Outre la chance l'intelligence c'est le bon sens » (Le bon sens détermine l'intelligence en plus du sens). « Pourvu qu'on aborde l'existence du bon côté l'intelligence nous sourit en réalité celui qui aborde la vie sagement la gagne librement » (L'intelligence ne fait pas perdre celui qui ne se trompe pas de perte dans l'existence). « C'est bien intelligent qu'on gagne de l'ascendance » (Nous gagnons de la maturité partout où nous déterminons l'intelligence en toute lucidité). « On doit se donner à l'intelligence pour coordonner son existence, la vie qui s'accorde parfaitement avec le bon sens concorde parfaitement avec la suffisance : la différence n'est pas mal comme choix si nous ne choisissons pas mal ni ne différencions pas mal » (La différence renforce la cohérence humaine dans l'existence). « Bien l'on mesure mieux on se rassure » (Pour se rassurer dans la vie nous devons partir du sceau de l'intelligence). « L'intelligence n'a autre exigence qui ne saurait concorder avec le choix du bon sens » (L'existence de l'intelligence concorde logiquement avec le choix du bon sens). « Ce qui ne sert pas à l'intelligence ne sert pas à l'existence : tout d'intelligent est gagnant et important » (L'intelligence c'est la victoire et la stabilité). « L'intelligence dans le choix ne demande pas de choisir contre l'intelligence plutôt avec » (Nous ne choisissons pas contre l'intelligence par contre nous choisissons avec intelligence si nous nous voulons utile dans le choix).

LE MENSONGE ET LA VERITE

« La vérité est une nécessité » (La vérité n'est pas sans nécessité pour la personnalité dans la vie). « Avant d'exiger la vérité à l'autre rassures-toi tout d'abord de ne pas lui mentir » (La vérité est une responsabilité qui engage tous les vivants). « Celui qui fuie la vérité fuie la dignité avec » (La dignité est sans détour dans la vérité). « En rien la vérité ne s'oppose à l'exemplarité dans la mesure où elle est la meilleure des exemplarités » (L'exemplarité première est dans la vérité). « Rassurons-nous de ne pas combattre la vérité c'est ainsi que réciproquement la vérité ne nous combattra pas » (La vérité nous sourit partout où nous ne nous rassurons pas à son encontre plutôt nous nous rassurons avec). « C'est avec assurance que l'évidence assure la suffisance » (L'évidence assure la suffisance avec assurance). « L'évident est rassurant » (L'évident rassure au juste). « Au juste c'est en mentant qu'on est perdant » (Nous perdons en mentant). « Si l'on ment à tort c'est qu'on a tort de mentir » (Le menteur a tort quand le mensonge est tort). « Mentir est une chose réussir en est une autre différente » (Le mensonge et la réussite font deux). « Se mentir c'est se nuire » (La nuisance est dans l'ignorance le mensonge étant ignorant d'une part). « Ce que détruit la vérité n'était pas construit en vérité » (La vérité ne s'attaque à rien de bien hormis le mensonge). « Celui qui nous conseille la vérité nous conseille en réalité » (Le bon conseille ne s'oppose pas à la réalité plutôt s'oppose avec réalité). « Tout est clé chez la réalité ainsi la réalité est tout même si tout n'est pas vrai » (La vérité renferme tout même si tout n'est pas vrai). « On est assuré que par la vérité » (La vérité nous rassure sûrement). « Quand la vérité ne nous dit rien c'est qu'on ne se dit rien par conséquent on n'est pas prêt à réussir » (Seulement c'est partant de la vérité que nous réussissions en toute autorité). « Si la vérité ne s'oppose pas à la facilité cependant elle demande de s'opposer pour la facilité : au juste tout d'utile est difficile » (L'utilité recommande la difficulté dans la position dans la vie). « L'évidence est une chance raison pour laquelle elle nous sourit en suffisance » (La suffisance qui caractérise l'évidence est une chance dans l'existence). « Le mensonge n'éloigne pas du songe au contraire il nous plonge dans le tréfonds du désespoir » (On ne compte pas sur le mensonge pour se tirer d'affaire). « Le mensonge n'a pas d'avenir voilà pourquoi le menteur se prive de réussir » (Nous nous privons de réussite en tant que menteur raison pour laquelle le mensonge n'a pas d'avenir). « Le menteur est acteur du désespoir car sans concession il s'éloigne du savoir de la réalité » (En s'éloignant du savoir le menteur s'accroche au désespoir comme solution). « Pour faute de lumière le menteur se maintient en arrière » (Le menteur recule par derrière pour faute de lumière dans la manière). « Menteur on est fauteur » (Le menteur est bien fauteur). « Menteur on se fie à l'erreur » (L'erreur fait le menteur). « Menteur on s'épargne la misère je me demande qu'attendre d'autre de l'erreur si ce n'est la galère : le bonheur mal pensé n'engendre que le malheur » (Le malheur est dans le mensonge en tout et pour tout). « Celui qui nous apprend à mentir nous apprend à nous trahir » (On est trahi par le mensonge). « Sans mensonge le mensonge n'est que mensonge » (Le mensonge n'est que mensonge). « La meilleure réponse au mensonge c'est la vérité ni plus ni moins » (La vérité est la seule réponse appropriée face au mensonge). « Sois- véridiques ni plus ni moins ainsi tu profiteras aisément de ton choix » (La largesse est dans le choix de la vérité pour l'humain véridique). « Plus c'est vérité plus ça se nécessite mieux ça nous profite » (La vérité nous profite à jamais par ce qu'elle est). « Si une chose est de vouloir la justice une autre est d'être juste : on peut vouloir la vérité sans pour autant être véridique en fait » (Vouloir qu'on soit véridique à notre endroit et puis être véridique à l'endroit de tous cela fait deux). « Tout ce qui se nécessite en vérité ne se nécessite pas contre la vérité » (Les choses qui se nécessite en réalité concorde avec la réalité). « La vérité est charité » (La vérité est une charité bien ordonnée tant pour le véridique pareillement pour autrui). « Pour le vivant l'important n'est autre que d'être évident pour ne pas perdre son temps au juste tout d'évident est gagnant » (L'évident est gagnant en réalité). « L'évident est suffisant et empêchant à la fois dans toute norme véridique nous dénotons à la fois l'existence d'un cadre coercitif et libérateur à la fois combinaison laquelle il faut faire entre les deux éléments en vue de s'assurer de l'impact améliorateur de la vérité dans sa vie » (Nous comptons sur l'impact améliorateur de la vérité dans notre vie en acceptant de se soumettre à l'exigence de la vérité). « En rien la vérité ne nous sert à rien, certain est sans doute la marge du bien » (La marge du bien est logiquement certaine). « Plus c'est certain moins c'est restreint » (La liberté est dans la certitude). « La confiance en la vérité c'est la suffisance pour la personnalité » (La personnalité qui tient à la suffisance ne s'éloigne pas de la confiance en la vérité dans l'existence). « La réussite n'a autre secret qui ne saurait concorder avec celui de la vérité » (La vérité concorde avec la réussite dans le fait). « Ce qui s'oppose à la vérité s'oppose à la réussite avec » (La vérité seule incarne la vérité en sa juste valeur).

L'ESPOIR ET LE DESESPOIR

« Sans espoir s'éloigne de la victoire c'est seulement partant du savoir que nous cultivions en nous l'espoir vital pour la victoire » (La place du savoir est toujours vital dans le cadre de la promotion de la réussite humaine). « Si une chose est d'espérer une autre est de s'éclairer : espérer d'accord mais s'éclairer d'abord » (Là où nous espérons nous nous éclairons en vue de réussir dans notre démarche). « Outre que croire l'espoir recommande de savoir en vue d'atteindre la victoire » (La stabilité de l'espérance nous recommande de la faire savamment). « L'espoir n'est pas sans cause même si toutes les causes ne font pas espérer celui qui sait comment espérer » (La réussite dans l'espérance recommande le bon sens dans le fait). « Quand on a peur d'espérer on doit espérer contre la peur » (La solution c'est cela espérer contre la peur pour ne pas avoir peur d'espérer). « Nul n'espère sans repère » (L'espérance est un modèle qui ne s'assume pas sans orientation certaine). « La clé de l'espoir c'est le savoir comme miroir » (Le savoir comme miroir incarne la clé de l'espoir). « Moins d'espoir c'est moins d'avoir » (Moins nous espérons moins nous réussissons à canaliser la richesse dans l'existence). « Le compte de l'espoir s'oppose logiquement à celui du désespoir et cela partant de la marque du savoir » (Toujours la marque du savoir renforce la réussite de la connaissance). « Quand l'espoir empêche de croire le désespoir appelle à croire pour s'empêcher » (La différence active est présente entre l'espoir et le désespoir). « Nourrir l'ignorance n'est nullement pas un moyen certain de combattre le désespoir » (Nous ne combattons pas le désespoir en cultivant l'ignorance). « L'ignorant est désolant » (L'ignorant est juste décevant compromet l'espoir). « L'entente est le sceau de l'espoir » (L'entente seule conduit à l'espoir dans la vie). « L'utile n'est jamais d'espérer contre l'utile ; bien espérer c'est bien exiger dans la mesure où nous ne saurons nullement pas nous éclairer puis profiter largement d'une espérance quelconque sans bon sens comme référence » (La référence du bon sens est la seule valable pour le renforcement de l'espoir humain). « Ce n'est pas la faute à l'espérance s'il y a la désespérance ; l'espérance ne se fait pas seule pareillement à la désespérance » (L'espérance et la désespérance traduisent l'orientation de l'activité humaine dans le temps et l'espace). « Sans savoir l'espoir n'est rien : espérer d'accord mais savoir d'abord » (Le savoir traduit au mieux l'impact de l'espoir dans la vie). « Ce qu'exige le bon sens c'est ce qui nous avise pur l'espérance, le bon sens en rien ne s'oppose à l'espérance dans l'existence » (Au juste en rien le bon sens ne s'oppose à l'accomplissement de l'espérance dans l'existence humaine). « Celui qui espère n'importe comment s'exige n'importe quoi » (Nous nous exigeons n'importe quoi en espérant n'importe comment). « L'espoir demande à l'individu de s'acquitter de son devoir pour bien compter sur un avoir qui ne va certainement pas le décevoir » (Il revient à l'humain de bien faire son devoir pour réussir en toute aisance). « On n'espère pas à perte partout où nous espérons contre la perte partant de la manière dument employée nous gagnons notre engagement » (La victoire nous l'obtenons en s'assurant bien dans sa manière). « Souvent l'espoir n'est pas l'absence du désespoir mais la capacité à la vaincre au mieux » (Notre capacité à contenir au mieux le désespoir qui sommeille en nous produit l'espérance en soi). « Celui qui fait le choix d'ignorer en fait pour désespérer » (Le désespoir rend ignorant). « Celui qui n'espère pas n'excelle pas en général » (Pour exceller il faut bien espérer le plus souvent). « Si l'espérance implique la confiance cependant elle n'exclut pas la méfiance à ce qui est sensé nous conduire dans l'insuffisance » (L'espérance réussit nourrit la méfiance de l'échec). « Partout où le désespoir ne dérange pas l'espoir ne s'opère pas » (L'espoir ne s'opère pas partout où nous ne l'estimons pas en sa juste valeur). « Pour combattre le désespoir il ne faut pas désespérer dans son combat » (Il est utile de ne pas désespérer dans son combat dans la mesure où nous souhaitons combattre le désespoir au mieux). « Tout ce qui s'oppose à l'espoir ne s'oppose pas avec espoir ce qui ne convient pas à l'espérance soutient la désespérance dans l'existence » (La désespérance ne soutient pas l'espérance vice-versa). « Quand l'espoir ne s'oppose pas au savoir c'est qu'il concorde avec la victoire » (L'espoir concorde avec la victoire seulement bien pensé). « Aimer espérer et savoir espérer cela fait deux » (Nous pouvons espérer sans pour autant savoir espérer). « Dans les deux cas il est possible d'avoir pour espérer tout comme espérer pour avoir l'essentiel est de rester vigilant dans sa démarche sachant logiquement que faire de sa possession » (La possession de l'espérance est celle de la suffisance dans l'existence). « L'espoir ne conseille jamais le désespoir » (Le désespoir est fonction de la qualité de l'espoir). « L'espoir ne demande pas à ambitionner sans opérer, il invite à s'acquitter de son devoir, de s'investir en vue d'atteindre la victoire » (La victoire nous l'atteignons seulement partant d'un espoir conséquent). « Nous n'espérons pas sans que nous ne raisonnions en voulant l'espoir durable et raisonnable » (L'espoir raisonnable renforce l'existence humaine partant de sa qualité certaine). « Le désespoir ne sert en rien raison pour laquelle il n'est pas l'égal de l'espoir : celui qui souhaite progresser dans la vie doit s'atteler à faire régresser le désespoir dans sa vie dans la mesure où dans l'incapacité de combattre le désespoir nous combattons l'espoir avec » (L'espoir se nourrit en combattant le désespoir ni plus ni moins). « La question de l'espoir pareillement à celle du désespoir revient à connaitre la vie car sans existence point d'espérance ni de désespérance dans l'existence la coloration positive ou négative de la position de l'humain détermine son échec ou sa réussite dans la vie » (L'échec ou la réussite de l'individu pareillement à l'espoir et le désespoir nous fait comprendre l'importance de la différence dans l'agencement de la réflexion humaine). « La clé de l'espoir c'est aussi et surtout le mieux contre le désespoir : la connaissance de l'espérance ainsi que de la désespérance est une référence solide pour renforcer la chance de l'acteur humain, pour bien faire la part des choses n'ignorons pas notre part parmi les choses » (La possibilité pour l'humain de bien situer sa part parmi les choses lui permet de bien faire la part des choses).

Printed by Books on Demand GmbH, Norderstedt / Germany